reinhardt

Thomas Müller • Anette Temper

Pädagogisch arbeiten mit Bilderbüchern

Ernst Reinhardt Verlag München

Priv.-Doz. Dr. phil. habil. *Thomas Müller* lehrt und forscht am Lehrstuhl Sonderpädagogik V, Pädagogik bei Verhaltensstörungen, der Universität Würzburg.

Anette Temper studierte in Würzburg (Sonder-)Pädagogik bei Verhaltensstörungen und arbeitet an einem sonderpädagogischen Förderzentrum in Unterfranken.

Bibliografische Information der Deutschen Nationalbibliothek

Die Deutsche Nationalbibliothek verzeichnet diese Publikation in der Deutschen Nationalbibliografie; detaillierte bibliografische Daten sind im Internet über <http://dnb.d-nb.de> abrufbar.

ISBN 978-3-497-02759-0 (Print)
ISBN 978-3-497-60659-7 (PDF)

Printed in EU
Cover unter Verwendung eines Fotos von © iStock.com/Lordn
Satz: JÖRG KALIES – Satz, Layout, Grafik & Druck, Unterumbach

Ernst Reinhardt Verlag, Kemnatenstr. 46, D-80639 München
Net: www.reinhardt-verlag.de E-Mail: info@reinhardt-verlag.de

Inhalt

Einleitung

Auffälligkeiten im emotionalen Erleben und Verhalten von Kindern werden vor allem in pädagogischen Einrichtungen mehr und mehr zum Thema. Die Anzahl der Kinder, die Schwierigkeiten aufweisen, ihre Gefühle zu regulieren, Bedürfnisse aufzuschieben oder Frustrationen auszuhalten, scheint zu wachsen, auch wenn Studien eher auf gleichbleibende Zahlen hinweisen. Dabei geraten Aspekte gelingender und scheiternder Erziehungsprozesse ebenso in den Fokus wie psychische Erkrankungen von Kindern.

Mit den Herausforderungen, welche die Realisierung eines inklusiven Bildungssystems mit sich bringt, steigt die Notwendigkeit, sich in pädagogischen Regelinstitutionen wie Kindertagesstätten, Kindergärten, schulvorbereitenden Einrichtungen und Grundschulen mit Kindern zu befassen, die psychisch erkrankt sind, sich als erziehungsschwierig erweisen oder seelisch stark verwundet sind. Die Herausforderungen, mit diesen Kindern zurechtzukommen, liegen nicht nur bei den pädagogischen Fachkräften, sondern auch bei nicht betroffenen Kindern. Sie müssen ggfs. deutlich mehr emotionalen und sozialen Stress aushalten, Andersartigkeiten im Verhalten und Erleben akzeptieren, und hinnehmen, dass ihnen nicht die Aufmerksamkeit zuteilwerden kann, wie sie anderen Kindern gewidmet werden muss.

Auch in der Kinder- und Jugendliteratur wächst die Auseinandersetzung mit psychischen Erkrankungen, Erziehungsschwierigkeiten und Auffälligkeiten im Verhalten und Erleben. Insbesondere die Zahl der Bilderbücher zu diesem Themenkreis steigt erheblich. Studierende der Pädagogik bei Verhaltensstörungen an der Universität Würzburg haben sich daher in den vergangenen Jahren intensiv in mehreren Seminaren mit einer Vielzahl an Publikationen auseinandergesetzt. Entstanden sind vertiefte Analysen von Bilderbüchern aus der fachlichen Perspektive der Pädagogik bei Verhaltensstörungen.

Das vorliegende Buch stellt eine verdichtete Essenz dieser Analysen dar. Es versteht sich daher zum einen indirekt als Hilfe und Unterstützung für Kinder mit und ohne Auffälligkeiten im Verhalten und Erleben. Durch die Auswahl der hier zusammengetragenen Bilderbücher möchte das Buch ihnen eine Auseinandersetzung mit der eigenen Betroffenheit, mit der Betroffenheit von Kindern in ihrem engsten Umfeld sowie emotional-sozialen Themen im Allgemeinen anbieten. Zum anderen richtet sich das Buch direkt an pädagogische Fachkräfte in Kindertagesstätten, Kindergärten, schulvorbereitenden Einrichtungen, Grund- und Mittelschulen sowie Förderschulen. Es will eine Orientierungshilfe bei der Auswahl von Medien und Materialien darstellen, mit denen Kinder ihre Eltern und andere Kinder sowie ihre eigenen und deren Emotionen besser verstehen können. Weniger liegt der Fokus auf der psychiatrischen Aufklärung, als vielmehr auf der sonderpädagogischen Perspektive und darauf, mögliche Zugänge zu Verstehen, Mitfühlen, Akzeptanz und Gemeinschaft zu eröffnen.

Darüber hinaus will das Buch dazu beitragen, über das Medium Bilderbuch nicht nur herausfordernde Lebensthemen, Erkrankungen, Krisen und Emotionen kindgemäß zu thematisieren, sondern aus sonderpädagogischer Sicht eine Möglichkeit des Lernens im Zusammenhang mit Bildern und Symbolen aufzeigen. Menschen sind wesentlich darauf angewiesen, Bilder und Symbole zu kennen, zu verstehen und zu entwerfen, um mit dem, was sie erleben und erfahren, zurechtzukommen. Diese Fähigkeiten bedürfen einer Einübung, die für Kinder und Jugendliche nicht einfach ist und zusätzlich erschwert wird, wenn ihr Lernen beeinträchtigt ist oder ihr Symbolverstehen durch einen anderen Kulturraum geprägt ist. Bilder und Symbole weisen stets einen starken Orientierungscharakter auf und werden darüber auch „missbraucht“. Kindern so früh wie möglich eine differenzierte Sichtweise auf Bilder und Symbole zu ermöglichen und Formen der Reflexivität einzuüben, stellt daher eine wichtige pädagogische Aufgabe dar, die bisweilen auch auf sonderpädagogische Kompetenz angewiesen ist: Wie viele Bilder kann ein Kind in welcher Zeit aufnehmen und verarbeiten? Wo beginnt Überforderung einerseits, Langeweile andererseits? Wie stellen sich die Bilder eines Buches vor dem Hintergrund von Lernbeeinträchtigungen dar? Sind sie klar und deutlich oder chaotisch und verwirrend – und aus welcher Wahrnehmungsperspektive? Welche Raum-Lage-Fähigkeiten benötigen Kinder, um sich dem Geschehen eines Bilderbuches nähern zu können, und wie schließt man die semantische Lücke, so dass sich aus einzelnen Bildern das Bild einer Geschichte oder einer Situation ergibt? Wie weit oder eng ist das Wahrnehmungsfeld der Kinder, mit denen das Bilderbuch betrachtet wird? Wie beeinflusst das emotionale Erleben eines Kindes die Deutung eines Bildes oder einer Geschichte?

Von diesen und vielen ähnlichen Fragen ist abhängig, wie mit dem Medium Bilderbuch umgegangen werden kann. So lässt sich beispielsweise das ganze Buch anschauen oder nur einzelne Bilder. Diese können ggfs. wiederum „nur" in Ausschnitten gezeigt und thematisiert werden, so dass für Kinder eine Struktur in Bildsituationen entsteht. Es ließe sich aber auch einer bestimmten Figur, einer Person oder einem Tier im Buch folgen, unabhängig davon, ob es sich dabei um den Protagonisten handelt oder nicht. Andererseits kann auch der Sinnzusammenhang einer Geschichte im Mittelpunkt stehen und Einzelheiten können bewusst vernachlässigt werden. Aus der Perspektive der Pädagogik bei Verhaltensstörungen ist es zudem wichtig, dass es beim Bilderbuch nicht nur um die Geschichte gehen muss, die erzählt und dargestellt wird. Für Kinder mit Konzentrationsschwierigkeiten kann es eine wichtige Übung sein, das Buch längere Zeit zu halten und ein Bild längere Zeit zu betrachten. Auch für Kinder, die über wenig Bedürfnisaufschub und eine eher geringe Frustrationstoleranz verfügen, kann dies eine wichtige Aufgabe sein. Andere Kinder sind durch ihre Lebenssituation derart orientierungslos, dass es bedeutsam für sie ist zu lernen, ein Buch von vorne nach hinten durchzublättern, ohne dabei eine Seite auszulassen. Kinder können ebenso lernen, ihre Emotionen zu regulieren, indem sie das Blättern im Buch üben: Wie und wo fasst man eine Seite an, wie heftig wird umgeblättert, wie vermeidet man Risse in den Seiten und wie lernt man, immer nur eine Seite umzublättern? Die hier angestellten Überlegungen und Fragen sollen verdeutlichen, dass der Inhalt eines Buches ebenso wie seine Form und der konkrete Umgang mit diesem Lernanlässe bieten, die gerade für Kinder mit Förderbedarf in der emotional-sozialen Entwicklung bedeutsam sind.

Die hier getroffene Auswahl an Bilderbüchern erhebt keinen Anspruch auf Vollständigkeit, da gerade der Bilderbuchmarkt ständig wächst und sich rasch verändert. Alle besprochenen Bilderbücher waren zum Zeitpunkt der Erstellung lieferbar. Verzichtet wurde bewusst auf Bilderbücher, die sich dem Themenkreis zwar annehmen, letztlich aber für Erwachsene geschrieben wurden. Die Bücher einzelnen Überschriften zuzuordnen, ist nicht einfach; manche sind aus einer stark psychiatrischen, psychologischen oder pädagogischen Fachperspektive heraus verfasst, andere wiederum gar nicht. Die Qualität vieler der ausgewählten Bücher besteht gerade darin, dass sich in ihnen mehrere Perspektiven finden und einnehmen lassen. Dennoch möchte das Buch zur groben Orientierung eine Gliederung vornehmen. Daher werden im ersten Teil Bücher vorgestellt, in denen es um psychisch erkrankte oder belastete Elternteile geht. Im zweiten geht es um verhaltensauffällige und belastete Kinder und der dritte Teil widmet sich der selten betrachteten Perspektive der Geschwisterkinder. Um Gefühle und emotionale Themen im Allgemeinen geht es im vierten Kapitel des Buches und schließlich werden Bilderbücher zur Thematik Flucht und ihren Folgen vorgestellt, deren Wirkungen auf Kinder emotional massiv sind. Außerdem befindet sich eine Übersicht aller Bilderbücher am Ende des Buches, diese wurde nach den genannten Altersempfehlungen sortiert.

Jedes Kapitel folgt der gleichen Struktur: Die Thematik des Buches sowie seine Altersempfehlung werden benannt und einige allgemeinere, aber auch spezielle Voraussetzungen zum Erschließen des Bilderbuchs aufgeführt. Daraufhin wird sein Inhalt kurz beschrieben, gefolgt von einer pädagogischen Einordnung, Interpretation und Empfehlung aus der Perspektive der Pädagogik bei Verhaltensstörungen. Am Ende finden sich jeweils Anregungen und Ideen für eine pädagogische Auseinandersetzung mit dem jeweiligen Bilderbuch.

Dieses Buch wäre nicht ohne die intensive Vorarbeit vieler Studierender der Pädagogik bei Verhaltensstörungen an der Universität Würzburg zustande gekommen. Ein besonderer Dank gilt daher Isabell Adlassnig, Marina Aicher, Analena Arana, Lea Assmann, Jessica Banert, Aline Cieslar, Daniela Dietrich, Jutta Geiger, Anja Grieser,

Raimund Guist, Annika Haselmeier, Desiree Högn, Pascal Hofmann, André Jänke, Helen Jaggy, Susanne Jencio, Tobias Joebges, Vera Kindermann, Katharina Konerding, Luisa Laewen, Marie Langhammer, Philipp Laurer, Stefanie Müller, Lydia Navrátil, Kristin Ritter, Philipp Schweser, Franziska Silbermann, Kathrin Vorwallner, Johanna Weiß, Ronja Wildermann, Elena Wirth und vielen anderen Studierenden, deren Arbeit in diesem Buch nicht berücksichtigt werden konnte. Durch ihr persönliches Engagement haben sie aber die Gruppe in der Auseinandersetzung mit der Thematik weitergebracht.

Thomas Müller und Anette Temper, Würzburg 2017

1 Erkrankte und belastete Eltern

1.1 Bei mir zuhause ist was anders

ZUSAMMENFASSUNG

- ein Bilderbuch über die Erlebenswelt von Kindern psychisch erkrankter Eltern
- für Kinder ab 4 Jahren

Hinweise zum Erschließen

- kann mit und ohne Lesevermögen erschlossen werden
- sensible Auswahl der Bilder und Themen, um Trigger zu vermeiden

Inhalt

Der vorliegende Bildband thematisiert familiäre, soziale und emotionale Belastungen von Kindern psychisch erkrankter Eltern. Bilder und Zeichnungen, die in der Augsburger Kindersprechstunde am Bezirkskrankenhaus entstanden sind, wurden gesammelt, ausgewählt und werden mit Aussagen betroffener Kinder zu spezifischen Themen und Belastungen dargestellt. Die Thematisierung von Ängsten,

Schuld- und Schamgefühlen, Ohnmachts- und Hilflosigkeitserleben, Unsicherheiten und Einsamkeit zeigt auf, mit welchen Belastungen Kinder psychisch erkrankter Eltern konfrontiert sind. Jede Doppelseite steht unter einem spezifischen Thema bzw. einer spezifischen Belastung und enthält ein Zitat eines betroffenen Kindes sowie ein Bild oder eine Zeichnung zu dieser Thematik. Zum Thema Depression zeigt das Bild eine Mutter, die isoliert in ihrem Bett liegt. Das Bild ist in dunklen Tönen gehalten und der Kommentar des Kindes verdeutlicht seine Verunsicherung: „... das ist meine Mama, wie sie im Bett liegt, das tut sie immer, wenn es ihr schlecht geht, darum liegt sie im Bett, viele Tage lang."

Die bildnerischen Darstellungen reichen von abstrakt über phantastisch bis hin zu figürlich-realistisch und werden durch die Zitate konkretisiert oder erläutert.

Pädagogische Empfehlung

Kinder psychisch erkrankter Eltern weisen ein erhöhtes Risiko auf, selbst zu erkranken. Sie sind in vielfältiger Weise durch die Erkrankung des Elternteils betroffen und mit zahlreichen Belastungen konfrontiert, die mit der Erkrankung einhergehen und sich nicht nur auf das innerfamiliäre Miteinander auswirken.

Die Thematisierung der spezifischen Belastungen, der Ängste und des Erlebens dieser Kinder im vorliegenden Bildband kann Gesprächsanlässe schaffen und betroffenen Kindern vermitteln, dass sie mit ihrem Erleben nicht allein sind.

Die ausdrucksstarken, bisweilen bedrückenden und betroffen machenden Bilder und Zeichnungen von Kindern verschiedener Altersstufen berichten authentisch vom Alltag eines Kindes mit einem psychisch erkrankten Elternteil. Gekoppelt mit Aussagen betroffener Kinder werden Gespräche angeregt und ein Dialog über persönliches Erleben ermöglicht. Gerade die den Bildern beigestellten Aussagen der Kinder können für den bzw. die BetrachterIn ein hilfreicher Einstieg in Gespräche sein, indem Aussagen und Fragmente aufgegriffen werden.

Sensibel sollte auf die Auswahl der Themen und Bilder geachtet werden, um betroffene Kinder nicht möglichen Triggern auszusetzen.

Anregungen zur Arbeit mit dem Buch

- Thematisierung der Zitate: Kennst Du diese Situation? Weißt Du, was das Kind damit sagen möchte? Wie geht es Dir damit?
- Ideensammlung und mögliche Aufgabenstellungen:
  - Betrachten der Zeichnungen ohne Text und ins Gespräch kommen über die Darstellungen
  - Malen von Bildern zu eigenen Themen, Emotionen und Belastungen
  - Ideen sammeln, was in spezifischen Situationen hilfreich sein könnte.

Kühnel, S., Koller, L. (2014): Bei mir zuhause ist was anders – Was Kinder psychisch kranker Eltern erleben. Mabuse-Verlag, Frankfurt a.M.

1.2 Warum ist Mama traurig?

ZUSAMMENFASSUNG

- ein Bilderbuch über eine Mutter, die an Depression erkrankt ist
- für Kinder ab 2 Jahren. Die Erfahrung in der Praxis zeigt, dass das Buch und seine Bilder auch ältere Kinder (bis ca. 10 Jahre) ansprechen

Hinweise zum Erschließen

- Konzentrationsspanne von etwa 10 Minuten
- grundsätzliche Fähigkeit zu Empathie und Perspektivwechsel
- für betroffene Kinder empfiehlt es sich, dass es durch eine dem Kind vertraute Person vorgelesen wird und so Erläuterungen und eine Begleitung ermöglicht werden

Inhalt

Schaf Lilli lebt mit seiner Mama glücklich inmitten einer Herde auf der Wiese. Es spielt mit Freund Paul und bekommt von seiner Mama Gutenachtgeschichten erzählt. Eines Tages ist Lillis Mama traurig, müde und spricht nicht mehr. Lilli macht sich Sorgen und will sie nicht mehr allein lassen. Paul erzählt seiner Oma, dass Lilli deshalb nicht mehr mit ihm spielt. Pauls Oma erkennt, dass Lillis Mama unter Depression leidet. Zusammen gehen sie zur Psychologin, die Lillis Mama in eine Klinik schickt. Währenddessen passt Pauls Oma auf Lilli auf und erklärt ihr, dass sie keine Schuld daran hat, dass es ihrer Mama schlecht geht. Nach einiger Zeit kommt Lillis Mama gesund und fröhlich zurück. Lilli ist glücklich und hat keine Angst mehr, weil sie darauf vertraut, dass sie auch künftig Hilfe erhalten wird, wenn es nötig ist.

Pädagogische Empfehlung

Angesichts zunehmender Zahlen bei depressiven Erkrankungen, steigt auch die Notwendigkeit, mit Kindern darüber zu sprechen. Im Anhang des fachlich fundierten Buches „Warum ist Mama traurig?“ finden sich Ratschläge für Eltern und PädagogInnen, wie sie besonders mit kleineren Kindern über die psychische Erkrankung eines Elternteils, wie z.B. Depression, Manie, Phobie, Sucht oder Schizophrenie, sprechen können. Das Buch schafft es, die für Kinder sehr abstrakt erscheinende Krankheit in einfacher Sprache auf zentrale

Aspekte herunter zu brechen, ohne dabei zu vereinfachen. Trotzdem werden Begriffe wie Depression oder Psychiatrie nicht umschrieben, sondern explizit genannt. Ihnen wird dadurch ihr Schrecken und Tabucharakter genommen. Auch die Frage der Schuld wird klar und deutlich mit den Worten formuliert: „Da hat niemand Schuld daran. Lilli hat nichts falsch gemacht." Während Ältere das Gefühl „Schuld" schon erfassen können, erklärt der zweite Satz es den Allerjüngsten in veränderter Art und Weise. Nicht erzählt wird, ob Lillis Mama nochmal eine depressive Phase erlebt und was genau mit ihr in der Klinik passiert. Ein Grund hierfür kann sein, dass die Geschichte meist aus Lillis Sicht geschrieben ist und sie dies folglich nicht beantworten kann. Außerdem würde die Tatsache, dass man es wüsste, nicht viel dazu beitragen, Depression zu verstehen. Primär geht es um die Thematisierung der Erkrankung, die Befreiung der Kinder von möglichen Schuldgefühlen und das Aufzeigen, dass Hilfe möglich ist. Wie die Hilfe genau aussieht, wird nicht beschrieben, ist aber in erster Linie – besonders für jüngere Kinder – auch nicht von Bedeutung.

Anregungen zur Arbeit mit dem Buch

- Thematisierung:
  - von Freundschaft und Gefühlen, wie Trauer und Freude; Arbeit mit Gefühlswürfeln oder Wettersymbolen wie im Buch (z.B. Wolken), Gefühlspantomimen
  - des Gefühls Schuld mit älteren Kindern
- Basteln der Schafe aus Pappe oder Knete und Nachspielen der Geschichte, ggfs. Videoaufzeichnung zur Reflexion
- Weitererzählen, -malen oder -schreiben der Geschichte zur Identifikation
- Ideensammlung und mögliche Aufgabenstellungen:
  - Tagebucheinträge von Lilli verfassen, während sie bei Pauls Oma wohnt: Was denkt und fühlt sie?
  - Was hilft Lillis Mama?

Wunderer, S. (2014): Warum ist Mama traurig? Ein Vorlesebuch für Kinder mit einem psychisch erkrankten Elternteil. 2. Aufl. Mabuse-Verlag, Frankfurt a.M.

1.3 Mamas Monster

ZUSAMMENFASSUNG

- ein Bilderbuch über eine Mutter, die an Depression erkrankt ist
- für Kinder ab 3 Jahren

Hinweise zum Erschließen

- grundsätzliche Fähigkeiten zu Empathie und Perspektivwechsel
- grundsätzliches Wissen über Emotionen
- für betroffene Kinder empfiehlt es sich, dass es durch eine dem Kind vertraute Person vorgelesen wird und so Erläuterungen und eine Begleitung ermöglicht werden

Inhalt

Rike lebt mit ihren Eltern und ihrem kleinen Bruder zusammen ein glückliches und geregeltes Leben. Eines Morgens aber fällt das Morgenritual aus: Rikes Mama kommt nicht, um sie singend und mit einem Kuss zu wecken. Irritiert stellt Rike fest, dass Mama noch im Bett liegt und ganz traurig aussieht. Auch in den nächsten Tagen steht Mama höchstens auf, um sich auf das Sofa zu legen. Papa und die Nachbarin versorgen Rike zwar, aber niemand redet mit ihr über die neue Situation. Rike fühlt sich schrecklich einsam. Schließlich fragt sie ihre Mutter, ob sie etwas falsch gemacht habe. Erst Tage später erhält sie eine Antwort. Mama erklärt Rike, dass sie an einer Depression leide, die ihr ihre Gefühle stehle. Rike bringt den Begriff des Depressions-Monsters ein und stellt viele Fragen, die ihr nun endlich beantwortet werden. Dennoch hat Rike Angst, sie könne sich an ihrer Mutter anstecken. Eine medikamentöse Behandlung in Kombination mit Psychotherapie hilft Rikes Mama schließlich. Der Vater übernimmt zwar lange Zeit noch einen Großteil der Aufgaben und Rike fühlt sich noch immer manchmal einsam, doch kann sie beobachten, wie es Mama allmählich besser geht und das Monster immer kleiner wird. Schließlich bringt Mama Rike sogar abends wieder ins Bett und gibt ihr einen Gutenachtkuss.

Pädagogische Empfehlung

Die kindgerechte Sprache und die einfachen, aber ausdrucksstarken Grafiken eignen sich hervorragend für einen niedrigschwelligen Einstieg in die Thematik der Depression. Text und Bild sind nebeneinander platziert und können auch unabhängig voneinander betrachtet werden.

Sprachlich und bildlich ist das Buch für jüngere Kinder geeignet. Je nach Kontext und didaktischer Einbettung ist es jedoch auch für Kinder bis etwa zehn Jahre empfehlenswert.

Die Depression wird als solche konkret benannt und ihre Symptome beschrieben. Die damit einhergehenden Empfindungen der Familienmitglieder finden ebenfalls viel Platz – der Vater ist nicht nur mit den zusätzlichen Aufgaben überfordert, Rike ist manchmal wütend und fühlt sich oft einsam, sie wünscht sich Antworten, entwickelt Schuldgefühle und Ängste. Diesen Gefühlen wird der Schrecken durch das Gespräch Rikes mit ihrer Mutter genommen. Der Mutter gelingt es einfühlsam, die Depression als eine Erkrankung zu schildern, die weder ansteckend ist noch aus einem vermeintlichen Fehlverhalten Rikes resultierte. Die Mutter kann Rike außerdem die Angst vor Ansteckung nehmen und sie von Verantwortlichkeitsgefühlen befreien.

Das Bild des Monsters bietet Kindern eine sehr einprägsame Idee von Depression an. Das Monster ist zwar unsichtbar und zunächst verborgen und wenig greifbar, doch bleibt es dabei immer berechenbar: Die Familie weiß, dass das Monster durch Medikation und Psychotherapie kleiner wird.

Das Buch endet hoffnungsvoll, aber realistisch: Die Mutter ist zwar (noch) nicht gesund, aber sie schafft es wieder, Rike abends ins Bett zu bringen.

Anregungen zur Arbeit mit dem Buch

- generelle Thematisierung:
  - Was ist eine Familie und was macht sie aus?
  - Was braucht ein Kind, damit es ihm gut geht?
- Weitererzählen oder -malen der Geschichte
- Ideensammlung und mögliche Aufgabenstellungen:
  - Was denkt Rike wohl, als Mama nicht mehr aufsteht?
  - Was in ihrer Familie gerade alles los ist, erzählt Rike ihrer besten Freundin. Wie könnte das Gespräch ablaufen?

Mosch, E. v. (2014): Mamas Monster. Was ist nur mit Mama los? 6. Aufl. Balance Buch + Medien Verlag, Köln

1.4 Mama, Mia und das Schleuderprogramm

ZUSAMMENFASSUNG

- ein Bilderbuch über eine Mutter, die an der Borderline-Persönlichkeitsstörung erkrankt ist
- für Kinder ab 4 Jahren

Hinweise zum Erschließen

- differenziertes Wissen über Emotionen
- ausgeprägte Empathiefähigkeit
- für betroffene Kinder empfiehlt es sich, dass es durch eine dem Kind vertraute Person vorgelesen wird und so Erläuterungen und eine Begleitung ermöglicht werden

Inhalt

Mia lebt mit ihrer Katze Yuki und Mama zusammen. Doch vieles in Mias Leben ist so durcheinander wie die Wäsche beim Schleudergang der Waschmaschine. Mama ist oft sehr traurig oder plötzlich schrecklich wütend, dann kümmert sich Mia um Mama. Gleichzeitig ist Mama immer die Bestimmerin, hält sich dabei aber nicht an Absprachen oder bricht ihre Versprechen. Für Mia ist das furchtbar anstrengend, denn sie wird oft sehr enttäuscht, wenn sie sich auf einen Ausflug oder auch nur auf ein gemeinsames Frühstück gefreut hat. Zum Glück aber gibt es Mias Freundin Kati und Frau Schröder vom Kiosk, auf die immer Verlass ist. Als Mia eines Tages nach Hause kommt, ist Mama nicht da. Sie musste ins Krankenhaus, weil sie sich wehgetan hat. Für Mia ist das nichts Neues.

Eine Erklärung erhält Mia schließlich von Mamas Ärztin. Mamas Gefühle seien manchmal so durcheinander wie die Wäsche in der Wäschetrommel. Das habe nichts mit Mia zu tun, sondern sei eine Krankheit. Mama und Mia bekommen daraufhin Unterstützung durch das Jugendamt. Dieses zeigt viel Verständnis und vermittelt die beiden an eine Zirkusgruppe. Der Zirkus war schon immer Mias Traum! Jetzt wird er wahr – zusammen mit Mama.

Pädagogische Empfehlung

Mit Kindern über Borderline-Persönlichkeitsstörungen zu sprechen, stellt wohl alle Erwachsenen vor eine große Herausforderung. Dass die Erkrankte die Mutter ist, spiegelt wider, dass besonders Frauen von der Persönlichkeitsstörung betroffen sind. Durch das Bild des Schleudergangs wird den LeserInnen eine Idee angeboten, die die Erkrankung greif- und vorstellbarer macht. Die Erkrankung wird zwar nicht explizit benannt, doch finden alle häufigsten Symptome Beachtung, auch wenn lediglich das Gefühlschaos der Mutter von der Ärztin im Gespräch mit Mia thematisiert wird. Dies erfordert ein genaues Besprechen der einzelnen Situationen, um Kindern diejenigen Verhaltensweisen der Mutter aufzuzeigen, die der Erkrankung zuzuordnen sind.

Auch Mias Erleben der Situation findet ausreichend Raum. Mia ist traurig, wütend, enttäuscht, ängstlich, besorgt und umsorgend. Auch Momente von Scham und Schuld finden sich – Mia traut sich nicht, über die Situation zuhause zu sprechen und fragt sich, ob sie Verantwortung trage am Gefühlschaos und der Selbstverletzung der Mutter.

Die kindgerechten Zeichnungen erzeugen eine eindrucksvolle Stimmung und unterstreichen Mias Erleben durchgehend sehr passend. Auch die einfache, aber nie vereinfachende Sprache erleichtert den LeserInnen den Zugang zu einer sehr komplexen Erkrankung. Das Bilderbuch endet hoffnungsvoll – die Mutter wagt sich wieder an Unternehmungen mit ihrer Tochter. Die beiden sind dabei nicht allein: Die Jugendamtsmitarbeiterin, die Kioskbesitzerin Frau Schröder und Mias Freundin Kati begleiten und unterstützen sie.

Am Ende des Buches finden sich weitere Informationen und hilfreiche Links zur Borderline-Thematik.

Anregungen zur Arbeit mit dem Buch

- Besprechen der einzelnen Alltagssituationen: Was macht Mama? Wie geht es Mia dabei? Warum geht es Mia so?
- Ideensammlung und mögliche Aufgabenstellungen:
  - Mia erzählt Kati endlich von Mamas Krankheit. Was sagt sie wohl?
  - Stell Dir vor, Du besuchst Mia und ihre Mama ein Jahr später. Was schreibst Du abends über euer Treffen in Dein Tagebuch?
  - Welche Schleuderprogramm-Momente kennst Du selbst? Male ein Bild dazu oder schreibe sie auf!
  - Was hilft in Schleuderprogramm-Momenten? An wen kann man sich wenden?

Tilly, C., Offermann, A. (2013): Mama, Mia und das Schleuderprogramm – Kindern Borderline erklären. 2. Aufl. Balance Buch + Medien Verlag, Köln

1.5 Ein Mann, der weint

ZUSAMMENFASSUNG

- ein Bilderbuch über einen Mann, der Trauer zeigt
- für Kinder ab 4 Jahren

Hinweise zum Erschließen

- gutes Vorstellungsvermögen und viel Phantasie
- sprachliche Fähigkeiten, um mit der thematischen Offenheit des Buches umgehen zu können
- gute Konzentrationsfähigkeit und Empathievermögen

Inhalt

Ein Junge geht mit seiner Mutter einkaufen und sieht einen Mann, der weint. Die Mutter kann ihm keine Auskunft geben, warum der Mann weint. Der Junge muss daran denken, dass sein Vater gesagt hat, Männer weinen nicht. Er ist verunsichert und möchte den Mann gerne fragen, warum er weint, traut sich aber nicht. Rundherum geht das Leben seinen normalen Gang weiter. Der Junge muss sich alleine mit dem Widerspruch zwischen der Aussage seines Vaters und dem Erleben des weinenden Mannes auseinandersetzen. Schließlich fragt er den Mann doch, warum er weine, und dieser antwortet, dass er sehr traurig sei. Am Abend erzählt der Junge seinem Vater vom weinenden Mann. Der Vater nimmt seinen Sohn in den Arm und drückt ihn fest an sich.

Pädagogische Empfehlung

Die Geschichte kommt mit wenigen Sätzen aus. Sie handelt von Traurigkeit und Trost, von Mitgefühl und dem Zeigen von Gefühlen. Warum der Mann genau weint, bleibt offen und regt zum Nachdenken an.

Da die Geschichte aus der Perspektive des Jungen erzählt wird, können sich Kinder beim Betrachten gut in die ambivalente Gefühlslage des Jungen hineinversetzen.

Die Bildsprache ist einfach, aber nicht vereinfachend. Die Gefühlslage des Jungen, aber auch des Mannes, wird durch die Darstellung der Körperlichkeit der beiden verdeutlicht. Auf etlichen Seiten sieht man den Mann sogar nur von hinten: Dies kann als Ausdruck für Unsicherheit, Scham und Einsamkeit gedeutet werden. Auf den Seiten ist viel weiß bzw. frei gelassen. Dadurch wird Ruhe vermittelt und der Fokus liegt ganz auf den beiden Protagonisten. Dennoch enthalten die Bilder viele Details und lösen so Neugier aus, regen zum genauen Hinsehen und Fragenstellen an.

Die Geschichte zeigt einen Mann, der Symptome einer depressiven Störung aufweist: Interessenverlust, andauernde Freudlosigkeit, Traurigkeit, Sich-Absondern, „Verernstung" und stilles Vor-sich-Hinweinen. Es bleibt dennoch offen, welche bzw. ob eine Erkrankung vorliegt. Einerseits wäre eine genauere Einordnung hilfreich, um das Tabuthema Depression bei Männern anzusprechen, andererseits richtet sich das Buch an Kinder, für die die Frage einer psychiatrischen Diagnose unerheblich ist. Bedeutsamer erscheint, dass Kindern angeboten wird, sich von geschlechterspezifischen Stereotypen befreien zu können. So ist der Junge irgendwie froh, dass der Mann weint, kann aber nicht genauer benennen, weshalb.

Zudem übt das Buch vorsichtige Gesellschaftskritik, da nur dem Jungen und dem Hund auffällt, dass der Mann inmitten des Alltagstrubels weint.

Anregungen zur Arbeit mit dem Buch

- Vorlesen der Geschichte bis S. 17: „Warum weinst Du denn bloß?“ und Weitererzählen, -schreiben, -malen der Geschichte.
- Thematisierung:
  - von Traurigkeit: Gründe für Traurigkeit sammeln, über unergründbare Traurigkeit sprechen
  - anderer geschlechterspezifischer Erwartungen und Rollenaspekte: das typische Mädchen, der typische Junge; Was bedeutet es, sich selbst treu zu sein?
- Ideensammlung und mögliche Aufgabenstellungen:
  - Der erste Versuch des Jungen in Kontakt mit dem Mann zu treten, ist von dem Satz geprägt: „Du brauchst nicht zu weinen.“ Welche Gründe könnte der Junge anführen?
  - Am Ende sagt der Vater nichts, umarmt aber seinen Sohn. Weshalb? Könnte es sein, dass der Vater selbst weinen muss?
  - Der Junge trifft den Mann wieder. Nun spricht der Mann den Jungen an. Was könnte er zu ihm sagen?

Jeschke, M., Oeser, W. (2011): Ein Mann, der weint. Hinstorff Verlag, Rostock

1.6 Papas Seele hat Schnupfen

ZUSAMMENFASSUNG

- ein Bilderbuch über einen Vater, der an Depression erkrankt ist
- für Kinder ab 6 Jahren

Hinweise zum Erschließen

- Konzentrationsspanne von etwa 30 Minuten
- grundsätzliche Fähigkeit zu Empathie
- einfaches Symbolverstehen

Inhalt

Nele führt ein Leben im Zirkus, den sie als Ort der Unbeschwertheit erlebt. Dem farbenfrohen Leben dort steht das farblose Leben ihres Vaters entgegen. So lustig und dynamisch die Aufführungen auch sind, Nele erlebt, wie ihr Vater das Lachen verlernt zu haben scheint. Er zieht sich immer mehr zurück, versagt schließlich bei einem Auftritt auf einer großen Olympiade. Ein Arzt wird konsultiert und der Vater in eine Klinik gebracht. Im Zirkusclown findet Nele schließlich einen Vertrauten, der mit ihr sensibel über die Situation spricht.

Während des Klinikaufenthalts besuchen Nele und ihre Mutter den Vater, der mittlerweile über seine Erkrankung sprechen kann. Als der Vater zum Zirkus zurückkehrt, beobachtet Nele noch immer Tage, an denen ihr Vater müde und antriebslos wirkt oder sogar Rückfälle hat. Der Zirkusclown erklärt ihr die Langwierigkeit der Heilung psychischer Erkrankungen. Die Erzählung endet mit der Annäherung des Vaters an seinen einstigen Lebensinhalt – den

Zirkus. Nach langer Zeit betritt er wieder das Zelt und nimmt sein Training auf. Unterstützt von allen Zirkusmitgliedern scheint Neles Vater allmählich wieder ins Leben zurückzufinden.

Pädagogische Empfehlung

Wohl kein Setting wäre geeigneter als das des Zirkus, um den Kontrast zwischen Depressionen und dem Leben Nicht-Erkrankter aufzuzeigen. „Papas Seele hat Schnupfen" ist voll von Kontrasten, die die Ernsthaftigkeit einer depressiven Erkrankung erkennen lassen und die Verminderung der Lebensqualität aufzeigen, die mit einer solchen Erkrankung einhergeht. Die einfühlsam erzählte Geschichte erhält einen eigenständigen Platz neben Illustrationen, denen es gelingt, den farbenfrohen Alltag eines Zirkuskindes mit dem völlig entfärbten Erleben eines depressiv Erkrankten zu vereinen.

Das Bilderbuch erfasst sowohl die Symptome depressiver Erkrankungen als auch das (Er-)Leben der Angehörigen. Nele sorgt sich um den Vater, sie trauert den glücklichen Zeiten nach, sie schwankt zwischen Angst, Wut und Scham, als sie den Vater schwach erlebt, und fürchtet die Reaktionen der Gleichaltrigen. Während des Klinikaufenthalts des Vaters fühlt sie sich einsam. Doch obwohl Nele stark unter der Trennung von ihrem Vater leidet, wird vermittelt, was ihr trotzdem hilft, den Alltag zu bewältigen. Die Normalität, die sie im Umgang mit anderen Kindern und Zirkusmitgliedern erlebt, stabilisiert sie und ermöglicht ihr Momente der Unbeschwertheit. Die Beziehung zum Clown, der sie als Erster über die Erkrankung des Vaters aufklärt und ihr bei Problemen zur Verfügung steht, bietet ihr Halt. Außerdem hilft ihr die Erinnerung an die Zeiten, in der der Vater noch nicht erkrankt war. Sie malt diese Erinnerungen und lässt somit die Momente der Fröhlichkeit und Unbeschwertheit neu aufleben.

Das Buch vermittelt einen realistischen Blick auf den Behandlungsprozess psychischer Erkrankungen, der in diesem Fall – trotz Rückschlägen – zunehmend zur Besserung des Zustandes führt.

Anregungen zur Arbeit mit dem Buch

- generelle Thematisierung der Gefühle Wut, Traurigkeit, Hilflosigkeit, Schuld und Scham
- Ideensammlung und mögliche Aufgabenstellungen:
  - Verfassen von Briefen an den Vater während dessen Krankenhausaufenthalts
  - Nele malt ihrem Vater viele Bilder, während er in der Klinik ist. Was malt sie ihm wohl?
  - Wie geht die Geschichte wohl weiter? Wie geht es Nele und ihrem Papa ein Jahr später?

Gliemann, C. (2014): Papas Seele hat Schnupfen. Monterosa Verlag, Karlsruhe

1.7 Papas Unfall

ZUSAMMENFASSUNG

- ein Bilderbuch über Kinder mit einem verunfallten Elternteil
- für Kinder ab 5 Jahren

Hinweise zum Erschließen

- kann mit und ohne Lesevermögen erschlossen werden
- für jüngere Kinder empfiehlt es sich, dass es durch eine dem Kind vertraute Person vorgelesen wird, um mögliche Ängste, die beim Erschließen mit Blick auf die eigene Familie entstehen könnten, aufzufangen.
- ein Grundverständnis von Körperbehinderung und Lähmung

Inhalt

Eine Familie mit Mutter, Vater und zwei Töchtern lebt glücklich zusammen: Sie unternehmen viel und die Eltern ermutigen ihre Kinder, die Welt zu entdecken. Eines Tages hat der Vater bei einem Motorradausflug einen schweren Unfall und ist dadurch querschnittsgelähmt. Die Oma passt für einige Zeit auf die Kinder auf und erinnert sich mit ihnen an schöne Erlebnisse. Die Mutter kümmert sich derweil um den verletzten Familienvater. Obwohl die beiden Töchter sich bei ihrer Oma wohlfühlen, werden sie von Alpträumen geplagt. Als sie nach Hause zurückkehren, finden sie das Haus umgebaut und den Vater sehr verändert vor: Er sitzt im Rollstuhl und kann sich nicht richtig verständlich ausdrücken. Wut und Trauer bestimmen das Leben des Vaters, aber bisweilen auch der Kinder. Erst als der Vater Geburtstag hat und einen Basketball geschenkt bekommt, zeichnet sich ein Hoffnungsschimmer ab, denn Basketball kann man auch im Rollstuhl spielen.

Pädagogische Empfehlung

„Papas Unfall“ greift ein wichtiges – bislang zu Unrecht vernachlässigtes – Thema auf, das für viele Kinder Relevanz hat: Ein Elternteil verunfallt und muss mit einer Behinderung leben, die das Familienleben stark verändert. Das Buch orientiert sich sehr nah am echten Leben, geht dabei jedoch behutsam vor: Der Vater verunglückt mit dem Motorrad, aber in dieser Schlüsselszene ist nur das kaputte Motorrad zu sehen und nicht der Vater selbst. Das Bilderbuch kommt mit wenigen, gut formulierten Hauptsätzen aus und lässt so viel Zeit zum Anschauen der Bilder und zum Nachfühlen dessen, was vor sich geht.

Der Fokus liegt vor allem auf der Zeit kurz nach einem Unfall und greift wichtige emotionale Aspekte auf. Da ist zunächst die Angst der Kinder vor dem Ungewissen, dann ereilen sie immer wieder schlechte Träume und als der Vater wieder zuhause ist, sind sowohl er als auch die Kinder wütend und traurig über die veränderte Situation. Durch die Illustrationen gelingt es sehr gut, die verschiedenen emotionalen Zustände zur Thematisierung bei der Betrachtung einzufangen, ohne sie zu überzeichnen. Sie zeigen die beiden Kinder aber auch als resilient. Die Eltern haben sie vor dem Unfall ermutigt, die Welt zu entdecken und so nehmen sie ihr Leben auch selbst in die Hand. Das Bilderbuch zeigt somit auch Möglichkeiten auf, wie die Freizeit nach einem solchen Ereignis gestaltet werden kann: Die Kinder lachen, treffen Freunde und lernen sogar das Fahren mit dem Skateboard. Es geht aber nicht nur darum, starke Kinder zu zeigen, sondern auch, Schwächen und Schwierigkeiten zu thematisieren. So schieben die Schwestern nachts ihre Betten zusammen, um sich gegenseitig nah zu sein. Auch sollen betroffene Kinder bei der Betrachtung des Buches von möglichen Schuld- und Ohnmachtskomplexen entlastet werden. Kinder dürfen und sollen ihr Leben gestalten und sich an diesem erfreuen, auch wenn es ein trauriges Ereignis in der Familie gibt. Sicherlich trägt hier auch die Oma dazu bei, die Familie zu stabilisieren.

Man könnte dem Buch vorwerfen, es vernachlässige verschiedene Aspekte wie beispielsweise die angedeutete Depression des Vaters, die Beziehung zwischen Vater und Mutter oder auch die ebenfalls nur angedeuteten finanziellen Probleme, die sich aus einer solchen Situation ergeben können. Der Fokus liegt hier jedoch auf dem kindlichen Erleben und dem Balanceakt, mit sehr vielen Emotionen zurechtkommen zu müssen. Die sehr gelungene Botschaft dieses Buches ist, dass einerseits alle Gefühle ihre Berechtigung haben, dass andererseits Scham, Schuld und Ohnmacht als Reaktionen auf einen solchen Unfall nicht sein müssen und daher auch eine glückliche Zukunft möglich ist, wenn auch eine veränderte.

Anregungen zur Arbeit mit dem Buch

- stilles Betrachten der Seiten ohne Text und freies Erzählen zu den Bildern
- Ideensammlung und mögliche Aufgabenstellungen:
  - Viele Dinge kann die Familie nicht mehr miteinander tun, worüber alle sehr traurig sind. Was könnten sie trotz Papas Unfall gemeinsam machen? Eine Ideenliste verfassen.

- Versprachlichung von Ängsten: Die beiden Kinder haben schlechte Träume. Worum könnte es darin gehen?
- Der Vater kann nach seinem Unfall nicht mehr richtig sprechen? Was möchte er seiner Familie wohl sagen?
- Der Vater ist wütend und traurig auf sich und den Unfall. Die Kinder sind wütend, dass sich ihr Leben verändert hat. Was würde Dich wütend und traurig machen?
- Die Oma hilft ihren beiden Enkelinnen sehr. Nicht alle Kinder haben eine Oma. Wer könnte in so einer Situation noch helfen?
- Der Familie einen Brief schreiben: Emotionale Anteilnahme zum Ausdruck bringen und Vorschläge für eine glückliche Zukunft unterbreiten.

Atelier artig (Hrsg.) (2015): Papas Unfall. Balance Buch + Medien Verlag, Köln

1.8 Papa ist wieder da

ZUSAMMENFASSUNG

- ein Bilderbuch über einen Vater, der an Depression erkrankt ist
- für Kinder ab 4 Jahren

Hinweise zum Erschließen

- für jüngere Kinder eine Person für Erläuterungen
- Vertrauensperson für Kinder betroffener Eltern

Inhalt

Emma ist acht Jahre alt und lebt mit ihren Eltern zusammen. Ihr Vater ist an Depression erkrankt, was Emma sehr verunsichert. Sie macht sich Sorgen um ihn, versucht sein Verhalten nachzuvollziehen und fühlt sich hilflos. Emmas Mutter versucht, zu trösten und zu entlasten, in dem sie offen über die Erkrankung des Vaters spricht und nach Bildern für diese sucht. Emmas Schuldgefühle und Ängste kann dies nur teilweise reduzieren. Eines Tages ist der Vater „wieder da", ist die Krankheit überwunden. Weder war er in einer Klinik noch sonst in Behandlung, aber Emma erkennt plötzlich ihren Vater wieder, wie er vor der Depression war.

Pädagogische Empfehlung

Das Buch thematisiert Depression und rückt damit eine nach wie vor tabuisierte Erkrankung in den Mittelpunkt. Dass hier der Vater der Erkrankte ist, nimmt Depression das Vorurteil, eine „weibliche" Krankheit zu sein. Gestalterisch nähert sich das Buch der Depression in zweierlei Hinsicht: zum einen durch geradezu überrealistische Bilder, die die Wirkmacht der Erkrankung für Kinder deutlich machen soll. Zum anderen werden viele Naturmetaphern eingesetzt, um die Krankheit, ihren Verlauf und die Genesung zu schildern, womit der Über-Konkretheit der Bilder bewusst etwas entgegengesetzt wird. Das Buch lässt allerdings aus, was dem Vater letztlich hilft, die Depression zu überwinden. Sehr plötzlich ist er wieder der Alte. Darüber hinaus wird ein sehr stereotypes Bild von Depression gezeichnet, das vorrangig aus Traurigkeit und fehlender emotionaler Zuwendung zu Emma besteht. Umgekehrt reichen diese Aspekte möglicherweise aus, um Kindern eine Idee von Depression zu vermitteln und die Möglichkeit der Überwindung – und damit Zuversicht – in den Fokus zu rücken. Zudem bleibt mehr Raum, sich mit Emmas Gefühlswelt zu befassen und sich der Problematik ihrer Schuldgefühle zuzuwenden. Dennoch wäre es sinnvoll gewesen, gerade deshalb verschiedene Behandlungsmöglichkeiten zu thematisieren. Das überschnelle Happy End könnte Kinder betroffener Eltern traurig oder wütend machen, anstatt sie zuversichtlich zu stimmen, weil ihre familiäre Realität eine andere ist.

Anregungen zur Arbeit mit dem Buch

- Einstieg in die Arbeit mit Trauer, Wut und Unsicherheit: Thematisierung, dass
  - man nicht schuld daran sein muss, wenn der andere traurig ist oder Zuwendung entzieht.
  - es verschiedene Behandlungsmöglichkeiten, z.B. Medikamente und Therapie, gibt.
- Ideensammlung und mögliche Aufgabenstellungen:
  - Was könnte Emmas Vater geholfen haben, die Erkrankung zu überwinden?
  - Arbeit mit dem Buchcover: Nach wem hält Emma Ausschau? Warum kann sie ihren Vater nicht mehr „sehen“? Warum ist er plötzlich wieder „da“, ohne je weg gewesen zu sein?
  - Sammlung der Naturmetaphern im Buch, z.B. bildnerische Gestaltung des Zustands der Rosen durch das Buch hinweg
  - Wie könnte Emma ihren Vater erreichen? Emma schreibt einen Brief an ihn. Was könnte der Vater erklärend antworten?

McGuinnes, S., Melville, S. (2013): Papa ist wieder da. Carl-Auer Verlag GmbH, Heidelberg

2 Verhaltensauffällige und belastete Kinder

2.1 Irgendwie Anders

ZUSAMMENFASSUNG

- ein Bilderbuch über Freundschaft und Toleranz
- für Kinder ab 4 Jahren

Hinweise zum Erschließen

- gute Fähigkeiten zu Empathie und Perspektivwechsel
- grundsätzliches Abstraktionsvermögen
- Mimik, Gestik und Körperhaltungen deuten können

Inhalt

Irgendwie Anders lebt allein in einem kleinen Haus auf einem Berg, fernab von allen anderen. Er selbst weiß, dass er anders ist als die anderen, denn das wird ihm von diesen ständig rückgemeldet. Irgendwie Anders bemüht sich um die Anerkennung und tut alles, um den anderen zu ähneln. Doch die anderen sagen ihm klar, dass er nicht zu ihnen gehört.

Schließlich klopft es an der Haustür von Irgendwie Anders. Vor der Tür steht ein oranges Wesen mit Rüssel und Flossen – das Etwas. Es betritt ohne Einladung das Haus, sieht sich um und erzählt Irgendwie Anders schließlich, wie ähnlich sie sich seien, denn sie seien beide irgendwie anders. Irgendwie Anders reagiert ablehnend und bedeutet dem Etwas zu gehen. Als das Etwas mit trauriger Miene das Haus verlässt, bereut Irgendwie Anders seine Entscheidung. Das Etwas sei zwar nicht wie er, aber wen interessiere das schon. Irgendwie Anders lädt das Etwas ein, bei ihm zu bleiben. All das, was Irgendwie Anders von den anderen unterschied, teilt er jetzt mit dem Etwas. Als ein Menschenkind an ihrer Tür klopft, lehnen sie es nicht ab. Ihr Sessel hat schließlich auch Platz für drei, wenn man ein wenig zusammenrückt.

Pädagogische Empfehlung

Irgendwie Anders erlebt Abweisung durch die anderen und verhält sich daraufhin gegenüber dem Etwas zunächst genauso – bis er erkennt, was echte Freundschaft bedeutet. Es gelingt ihm, an sich selbst zu arbeiten und er findet im Etwas einen Freund, der zwar anders als die anderen ist, aber mit Irgendwie Anders doch sehr viel gemeinsam hat. Sie bilden schließlich eine offene Gemeinschaft, die Platz für Andersartige hat – sogar für ein Menschenkind.
Das mit dem UNESCO-Preis ausgezeichnete Bilderbuch ermöglicht die Auseinandersetzung mit zahlreichen Themen – darunter Akzeptanz, (Ambiguitäts-)Toleranz, Ausgrenzung, Andersartigkeit, Außenseiterrollen und Freundschaft. Es eignet sich für einen niedrigschwelligen Einstieg in diese Thematiken und kann sowohl präventiv als auch interventiv eingesetzt werden.

Die Phantasiewesen Irgendwie Anders und Etwas lassen viel Raum für Interpretation und ermöglichen eine Identifikation. Die eindrucksvollen, kindgerechten und cartoonhaften Zeichnungen sowie die überraschenden Handlungsmomente bieten Gesprächsanlässe und regen zum Beschreiben, Nachfragen und Weitererzählen an.

Anregungen zur Arbeit mit dem Buch

- Rollenspiele und Standbilder zu verschiedenen Szenen zum Thema Außenseiterrollen und Freundschaft entwerfen
- Irgendwie Anders und Etwas erhalten auf der letzten Seite einen neuen Mitbewohner. Wie sieht das Zusammenleben nun aus?
- Thematisierung:
  - vom Anderssein: Ist es immer wichtig, wie alle anderen zu sein?
  - von Authentizität: Was bedeutet es, sich selbst treu zu bleiben?
  - von Freundschaft: Was macht Freundschaft aus? Müssen Freunde genau gleich sein? Woran erkennst Du, dass Irgendwie Anders und Etwas befreundet sind?

Cave, K., Riddell, C. (1994): Irgendwie Anders. 15. Aufl. Oetinger, Hamburg

2.2 Robbi regt sich auf

ZUSAMMENFASSUNG

- ein Bilderbuch über Wut und Zorn bei Kindern
- für Kinder ab 3 Jahren

Hinweise zum Erschließen

- gute visuelle Wahrnehmungsfähigkeiten, Gefühlsausdrücke in Mimik und Gestik deuten können, längere Konzentrationsspanne zum Betrachten
- Transferfähigkeiten zur Identifikation
- Abstraktions- und Vorstellungsvermögen

Inhalt

Robbi kommt schlecht gelaunt nach Hause. Als er seine Schuhe durch den Gang schleudert und sich über das Essen beschwert, wird er vom Vater in sein Zimmer geschickt. Er soll dort bleiben und sich beruhigen, doch Robbis Wut wird größer statt kleiner. Er läuft vor Wut so rot an, dass er ein großes Monster ausspuckt. Das so genannte „Ding", legt schnell damit los, das Zimmer zu verwüsten. Bei Robbis Spielkiste angelangt, möchte dieser, dass es aufhört. Doch „das Ding" macht unbeirrt weiter und zerstört sogar den Lieblingslaster. Schließlich gelingt es Robbi „das Ding" wegzuschicken und er macht sich daran, den Lastwagen zu reparieren und alles andere aufzuräumen. Dabei wird das Monster immer kleiner, bis es schließlich verschwindet. Am Ende ruft Robbi von seinem Zimmer aus nach unten und fragt freundlich, ob er noch Nachspeise bekommen kann.

Pädagogische Empfehlung

Das Buch bietet zahlreiche Möglichkeiten für Kinder, an Erfahrungen anzuknüpfen, bei denen sie von Wut und Zorn übermannt wurden. Die Qualität des Buches ist es, dabei nicht stehen zu bleiben, sondern die Schwierigkeit zu thematisieren, dass man die eigene Wut nicht mehr kontrollieren kann. Den Wunsch, der Wut zu entkommen, dies aber nicht zu können, kennen Kinder aus eigener Erfahrung. Die Schlüsselszene des Buches verdeutlicht dies aufs Beste, als sich die Wut gegen geliebte Gegenstände richtet. Das Buch zeigt aber auch, dass es möglich ist, der Wut zu entkommen und bietet Lösungsmöglichkeiten an, wieder in einen positiv gestimmten Kontakt zur Welt und zu den Mitmenschen zu finden.

Auffällig ist, dass die Wörter „Wut", „wütend" oder „Zorn" etc. nicht vorkommen. Die Bilder sprechen für sich und lassen Kindern die Freiheit, die emotionale Lage von Robbi selbst zu versprachlichen. Die Möglichkeit, sich in Robbi hineinzuversetzen oder sich mit ihm zu identifizieren, wächst damit.

Wut, Zorn und Aggression werden nicht tabuisiert, sondern ihnen wird als Emotionen berechtigt Raum gegeben. Die Aufforderung des Vaters, Robbi solle sich abreagieren und könne dann wiederkommen, kann nicht als Freifahrtschein missverstanden werden, sondern lässt Wut und Aggression als Emotionen bewusst und unaufgeregt zu.

Für jüngere Kinder könnte es schwierig sein, zu realisieren, dass Robbi und das Monster letztlich eins sind, auch wenn sie getrennt voneinander dargestellt werden und Robbi diesen Teil von sich zunehmend befremdlich erlebt.

Anregungen zur Arbeit mit dem Buch

- Robbi hat einen schlechten Tag hinter sich, als er nach Hause kommt: Erzählen, schreiben, malen von dem, was ihm widerfahren sein könnte.
- Thematisierung von:

  - Wut: Das Monster zerstört Dinge, die Robbi sehr gerne hat. Gegen was und vor allem wen, hätte sich das Wutmonster noch richten können?
  - Wut als mächtiges Gefühl: Einfärben von Gegenständen mit roter Farbe, gegen die sich die eigene Wut richten könnte
  - von Emotionen: Gefühlsbarometer basteln
- Ideensammlung und mögliche Aufgabenstellungen:
  - Arbeit mit einem Bild des wütenden Robbi: Sammlung körperlicher Anzeichen von Wut (Arme und Beine, Gesicht und Bauch in Verbindung mit eigenen körperlichen Erfahrungen)
- Sammeln von Situationen, die wütend machen: Was hilft mir, wenn ich wütend bin? Basteln eines Monsters, das in eine Schachtel gepackt wird.

d' Allancè, M. (2017): Robbi regt sich auf. 7. Aufl. Beltz, Weinheim

2.3 Anna und die Wut

ZUSAMMENFASSUNG

- ein Bilderbuch über Wut bei Kindern
- für Kinder ab 3 Jahren

Hinweise zum Erschließen

- grundsätzliches Symbolverstehen
- gute Aufmerksamkeits- und Wahrnehmungsfähigkeit
- gute Selektionsfähigkeit

Inhalt

Anna wird sehr schnell wütend. Sie muss dann schreien, schimpfen, beißen und treten. Anna tritt und verletzt auch andere, einfach weil sie in der Nähe sind. Ständig gehen Dinge zu Bruch und Anna hat oft Ärger mit anderen Kindern, weil sie auf sie losgehen „muss", obwohl diese stärker sind. Annas Eltern raten ihr, die Wut einfach zu schlucken oder ihr aus dem Weg zu gehen. Beides hilft ihr auf Dauer nicht weiter.

Schließlich hat Annas Opa eine großartige Idee. Er schenkt Anna eine Trommel, damit sie ihre Wut wegtrommeln kann. Anna ist zunächst skeptisch, wagt aber den Versuch. Und es funktioniert tatsächlich! Sobald Anna die Wut aufsteigen spürt, beginnt sie zu trommeln. Schließlich bekommt sie von den anderen Kindern sogar Komplimente dafür. Sie wünschen sich weitere Trommelkonzerte, doch Anna gerät allmählich an ihre Grenzen: Sie weiß nicht mehr, woher sie die ganze Wut bekommen soll, um weiter trommeln zu können...

Pädagogische Empfehlung

Auf Annas Wut reagieren andere Kinder eher mit Ablehnung und grenzen sie aus – die Wut ist destruktiv. Es wird weder professionelle Hilfe in Anspruch genommen noch helfen Ratschläge der Eltern. Erst durch den Ratschlag des Opas kann Anna ihre Energie konstruktiv nutzen und erhält ein positives Feedback der anderen Kinder.

Das mit dem Kinderbuchpreis der Stadt Wien ausgezeichnete Bilderbuch bietet viele Identifikationsmöglichkeiten – sowohl für Mädchen als auch für Jungen. Die lebensnahen Alltagssituationen, die Anna so wütend machen, lassen sich auch auf Jungen übertragen und wirken so Gender-Stereotypen entgegen. Die charakteristischen Zeichnungen von Christine Nöstlinger unterstreichen die bildreiche Sprache der Erzählung und können auch unabhängig betrachtet werden. Die Zeichnungen sind detailreich, farbenfroh und vermitteln eine große Unruhe. Sie sind voller Bewegung und fliegender Gegenstände. Annas Wut ist auch an ihrer Mimik und Gestik erkennbar. Ihr stehen die Haare zu Berge, sie ballt die Fäuste, ihr Gesicht läuft rot an oder ist vom Schreien verzerrt. Die ausdrucksstarken Zeichnungen bieten für Kinder viele Gesprächsanlässe und laden zum genauen Hinsehen und Entdecken ein.

Das Buch endet mit einem Ausblick: Anna fragt sich auf der letzten Seite, woher sie die Wut für ihre Trommelkonzerte nehmen soll, die die anderen Kinder einfordern. Es schwingen Hoffnung und Zuversicht mit.

Anregungen zur Arbeit mit dem Buch

- Weitererzählen der Geschichte zur Identifikation: Wie geht es Anna ein Jahr später?
- Thematisierung: Was ist Wut? Darf man wütend werden?
- Ideensammlung und mögliche Aufgabenstellungen:
  - In welchen Situationen wirst Du besonders wütend? Was passiert dann?
  - Wie siehst Du aus, wenn Du wütend bist? Male ein Bild!
  - Nicht alle Kinder können ihre Wut wegtrommeln. Was ist (für Dich) hilfreich, wenn Du wütend bist?

Nöstlinger, C. (1990): Anna und die Wut. 6. Aufl. FISCHER Sauerländer, Frankfurt a.M.

2.4 Klein

ZUSAMMENFASSUNG

- ein Gesprächs- und Bilderbuch über häusliche Gewalt
- für Kinder ab 3 Jahren

Hinweise zum Erschließen

- Mimik, Gestik und Körperhaltungen deuten können
- Farben mit Emotionen in Verbindung bringen können
- für betroffene Kinder empfiehlt es sich, dass es durch eine dem Kind vertraute Person vorgelesen wird und so Erläuterungen und eine Begleitung ermöglicht werden

Inhalt

Klein lebt mit seinen Eltern Groß und Stark zusammen und wird dabei oft Zeuge heftiger Streitsituationen zwischen diesen. Die Aggressionen von Groß und Stark übertragen sich auch auf Klein. Groß flüchtet bisweilen aus der Streitsituationen und lässt Klein mit Stark zurück. Alle Vermittlungsversuche von Klein scheitern, die erhoffte Zuneigung stellt sich nicht ein und niemand tröstet es. Klein ist auf sich selbst angewiesen. Bisweilen flieht Klein zum Nachbarn Jemand. In der Kindertagesstätte vertraut sich Klein Frau Traulich an und spürt, dass es gut tut, über Sorgen und Gefühle sprechen zu können. Schließlich erhält Klein Hilfe.

Pädagogische Empfehlung

Das Bilderbuch „Klein“ ist durch seine geschlechtslose Hauptfigur bestens geeignet, häusliche Gewalt mit Kindern zu thematisieren. Mit Groß und Stark als Elternfiguren bleibt ebenfalls unklar, wer für die Mutter und wer für den Vater steht. Damit wird eine Distanz zur Realität geschaffen, die eine Bearbeitung gerade mit betroffenen Kindern erleichtern kann, ohne in geschlechtsbezogene Stereotype zu verfallen. Durch seine deutliche Bildsprache und Farbwahl sowie die reduzierten, aber klaren Textanteile eignet es sich auch für jüngere Kinder. Die Farben und zeichnerischen Strukturen des Buches verstärken die emotionalen Situationen, die Klein durchlebt – im Negativen wie im Positiven. In Jemand ließe sich durchaus eine großväterliche, beruhigende Person erkennen, die einerseits unbestimmt und eben irgendjemand ist, zu dem man fliehen kann, die andererseits aber auch jemand für Klein ist. In Frau Traulich lässt sich eine Geborgenheit ausstrahlende Ersatzfigur für die fehlende mütterliche Zuwendung erkennen. Sie wird zur Schlüsselfigur im Buch, weil sich mit ihrer Hilfe Kleins Schicksal wendet.

Auch wenn sich mögliche Reaktionen im Lesen und Betrachten mit betroffenen Kindern nie vorhersehen lassen, ist das Buch dennoch aufs Beste geeignet, ein nach wie vor tabuisiertes Thema in den Fokus zu rücken. Zudem zeigt es Kindern Lösungsmöglichkeiten auf, bietet Solidarität an und stiftet Zuversicht.

Anregungen zur Arbeit mit dem Buch

- Buch als Einstieg in Themen wie „Richtig streiten“, „Konflikte lösen“ etc. nutzen
- Erarbeitung eines Streitschlichterprogramms
- Ideensammlung und mögliche Aufgabenstellungen:
  - Weiterentwicklung des eigenen Sprachgefühls, Sprache untersuchen: Wie streiten Groß und Stark? Welche Ausdrücke verwenden sie? Welche Sprache sprechen Jemand und Frau Traulich? Übungen zur Versprachlichung von Emotionen mithilfe von Karten, Würfeln etc.

- Erweiterung des Verhaltensrepertoires: Klein fühlt sich verloren. Was könnte Klein tun, wenn Jemand und Frau Traulich nicht da sind?
- Vorlesen der Geschichte bis zur Öffnungssituation mit Frau Traulich. Überlegungen anstellen, was sie tun könnte, um Klein zu helfen.
- Doppeldeutigkeit des emotionalen Gehalts von Farben erarbeiten, z.B. blau: beruhigend, aber auch Kälte; braun: geborgen, aber auch Unterdrückung und Angst; rot: Wärme und Liebe, aber auch Wut und Aggression.

Wirsén, S. (2016): Klein. Klett Kinderbuch Verlag GmbH, Leipzig

2.5 Eltern richtig erziehen

ZUSAMMENFASSUNG

- ein Bilderbuch über die Erziehung von Eltern
- für Kinder ab 4 Jahren

Hinweise zum Erschließen

- genereller Bezug zu Werten und Normen
- Abstraktionsvermögen, um die Umkehrung der Geschichte zu verstehen
- Reflexionsvermögen, um Bezüge zum eigenen Leben und Verhalten herzustellen

Inhalt

Ein kleines Mädchen erzählt, wie es seit seiner Geburt damit umgeht, dass es mit seinen Eltern konfrontiert ist: Es hat sich seine Eltern nicht ausgesucht, aber fand sie anfangs dennoch sehr „niedlich". Mit der Zeit wird allerdings deutlich, dass die Eltern nicht immer das tun, was das Mädchen möchte. Deshalb lernt das Mädchen sprechen, um seine Eltern erziehen zu können. Es liest Ratgeber und trifft Gleichgesinnte – andere Kinder, die auch Eltern haben.

Als die Eltern schließlich sehr brav geworden sind, werden sie zum Prestigeobjekt: Das Mädchen führt sie sonntags aus, um anderen Kindern zu beweisen, wie gut seine Eltern erzogen seien. Erstmals verspürt das Mädchen Langeweile, als es, auf seinem Thron sitzend, die Situation reflektiert. Die Eltern zeigen Anzeichen von Angst und ordnen sich dem Mädchen gänzlich unter. Das Mädchen stellt fest, dass seine strenge Erziehung – so bezeichnet sie es zumindest – letztlich verhindert hat, dass die Eltern sie selbst werden.

Als der Befehl, sie selbst zu werden, nichts bewirkt, beginnt das Mädchen, seine Eltern zu loben, echte Gespräche mit ihnen zu führen und Interesse zu zeigen. Das Mädchen stellt fest, dass Regeln allein nicht bewirken, dass jemand er selbst wird. Es bedarf der Liebe im Erziehungsprozess.

Pädagogische Empfehlung

Die verkehrte Welt bildet das zentrale Motiv dieses Bilderbuches. Mit viel Humor und Sensibilität werden Stärken und Schwächen (vermeintlich) erzieherischer Momente und Prozesse aufgezeigt. Durch die Rollenumkehr gelingt es, auf Schwierigkeiten hinzuweisen und echte Momente von Er- und Beziehung aufzuzeigen.

Ein Mädchen erzieht seine Eltern – so lautet zumindest die Bezeichnung. In vielen Momenten erinnert dieser Prozess jedoch an Dressur und reine Anpassung der Eltern an die Erwartungen des Mädchens. Letztlich zeigt sich aber, dass Ratgeber und Selbsthilfegruppen oft genauso wenig erreichen wie die genauen Vorstellungen, die jemand vom Werden und Sein eines anderen Menschen hat.

Das Buch erzählt von Konditionen, Handyverboten, Dressur, reißenden Geduldsfäden, von Sozialisation und gesellschaftlichen Normen, von Spielregeln und Regeln, die vor allem dem Erziehenden nützen.

Für die Eltern bedeutet diese Form der „Erziehung“ die Furcht, etwas falsch zu machen und ein Erbringen von Leistung, um eine Gegenleistung zu erhalten (etwa ein Stückchen Wurst). Im Laufe des Prozesses verlieren die Eltern an Farbe und halten ihre Köpfe immer weiter gesenkt. Sie wirken bedrückt und unglücklich, sprechen immer weniger und wagen es kaum, die eigene Meinung zu äußern – aus Furcht vor der Reaktion des Mädchens.

Als die Eltern schließlich präsentierbar sind und das Mädchen sie ausführt, um mit ihnen gesehen zu werden, empfindet das Mädchen erstmals Langeweile: Sie möchte keine rein funktionalen und funktionsfähigen Eltern, sondern Eltern, die sie herausfordern und sie selbst sind. Doch dies bedarf eines weiteren, langwierigen Prozesses ohne konkretes Ziel – anders als bei der anfänglichen Dressur. Das Mädchen geht das Wagnis der Erziehung ein. Der Ausgang ist ungewiss und das Mädchen zeigt großen Mut, indem es sich selbst und eigene Bedürfnisse im Prozess zurücknimmt. Nur so können die Eltern sie selbst werden. Der Appell an die Erziehung eines Menschen um des Menschen willen wird hier deutlich.

Das Buch bietet somit viele Ansatzpunkte zur Thematisierung verschiedenster Gefühle und Erziehungsmethoden. Es endet mit der Erkenntnis, dass positive Bestärkung, Anerkennung und Liebe bewirken können, dass ein Mensch er selbst wird. Das Buch ist somit ein starker Appell an das Wagnis der Liebe und der echten Be- und Erziehung.

Die schlichten, ausdrucksstarken Zeichnungen begleiten den stark reduzierten Text und vermitteln eine Atmosphäre, die jeweils den aktuellen Moment der Erziehung und die Befindlichkeit der Eltern im Prozess sehr gut verdeutlichen.

Anregungen zur Arbeit mit dem Buch

- genaues Betrachten und Besprechen der einzelnen Szenen
- Ideensammlung und mögliche Aufgabenstellungen:

- Reflektieren: Wo erkennst Du deine Eltern wieder? Wo erkennst Du Dich wieder?
- Malen von Bildern: Wenn Du Deine Eltern erziehen würdest, wie würdest Du das machen?
- Überlegen und Spielen: Was würdest Du Deinen Eltern gerne beibringen? Wie kannst Du das umsetzen?
- Woran erkennt man einen Menschen, der gut erzogen ist? Was ist für Dich gute Erziehung?

Grossmann-Hensel, K. (2016): Eltern richtig erziehen. 2. Aufl. Annette Beltz – Ueberreuter Verlag, Berlin

2.6 Tomatenrot

ZUSAMMENFASSUNG

- ein Bilderbuch über Ausgrenzung und wie sich Kinder dagegen wehren können
- für Kinder ab 5 Jahren

Hinweise zum Erschließen

- Symbolisierungsfähigkeiten im Kontext von Farbe
- Empathiefähigkeit und Bedürfnis nach Zugehörigkeit
- es sollte vermieden werden, das Buch zur Moralisierung von Tätern einzusetzen

Inhalt

Lisa bemerkt, dass Tom schnell rot wird und beginnt, ihn deswegen zu hänseln. Die MitschülerInnen beteiligen sich nach und nach immer mehr, Paul wird dabei zum Anführer. Tom dagegen wird immer stiller. Lisa spürt, dass es nicht richtig ist, Tom zu ärgern. Eigentlich findet sie ihn nett, aber das Ganze hat sich verselbstständigt. Lisa würde sich gerne auf Toms Seite schlagen, hat aber zu viel Angst vor Paul und den anderen. Tom wird von Paul geschubst und verletzt sich. Die Lehrerin kann die Situation nicht gut aufklären und Lisa ängstigt sich zunächst, etwas zu sagen, nimmt dann aber all ihren Mut zusammen. Nun trauen sich auch andere MitschülerInnen, Lisa zu unterstützen. Paul versucht, Lisa zu unterdrücken, doch die MitschülerInnen stehen ihr bei. Paul ist einsichtig und Lisa fragt Tom, ob er mit ihr Fußballspielen möchte. Am Ende ist es Paul, der ausgegrenzt wird und ganz grün im Gesicht ist.

Pädagogische Empfehlung

Das Buch thematisiert auf sehr gelungene Weise Mobbing und seine beschämenden Folgen. Es stellt einen erfolgreichen Ausweg aus einer Mobbinginteraktion vor, ohne dabei zu vereinfachen. Da die Protagonisten nicht überzeichnet werden, können sich Kinder mit allen drei Rollen identifizieren, ohne sich schlecht fühlen zu müssen: Opfer, Mitläufer und Täter.

Besonders gelungen ist die Bildsprache des Buches: Die Farbe Rot erfüllt als Symbol für Verletzung und Verletzbarkeit, für Angst und Schamgefühle mehrere Funktionen. Sie breitet sich mehr und mehr im Buch aus und nimmt gegen Ende wieder ab. Abgelöst wird sie durch die Farbe Grün als Zeichen von Hoffnung und Entspannung. Alle unbeteiligten Kinder werden farblos gezeichnet und werden nach dem Grad ihrer Beteiligung eingefärbt. Emotionen werden zudem durch deutliche Größenveränderungen der Figuren zum Ausdruck gebracht.

Das Buch verurteilt niemanden, sondern zeigt vielmehr, wie schnell man in die eine oder andere Rolle geraten kann und wie schwer es sein kann, daraus wieder herauszufinden.

Anregungen zur Arbeit mit dem Buch

- Nachspielen der Dialoge, Standbilder zu einzelnen Situationen einnehmen: Die eigenen Gefühle und die eigene Körperlichkeit zum Ausdruck bringen.
- Ideensammlung und mögliche Aufgabenstellungen: Arbeit mit Rollenkarten zur Stärkung der Empathiefähigkeit: z.B. Opferrolle: Du stehst in der Ecke und schaust beschämt auf den Boden; Täterrolle: Du stehst in der Nähe des Opfers und machst dich gemeinsam mit anderen lustig; Abwandlung der Rollen für andere Situationen; Situationen erfinden.
- die Macht der Farben kennenlernen: Alltagsgegenstände einfärben, die Wirkung verschiedener Farben vergleichen.
- tomatenrot, kirschrot, paprikarot malen und unterscheiden; weitere Formen von Rot entdecken oder erfinden
- Grün ist auch eine Farbe: Wieso wird Paul am Ende des Buches grün im Gesicht? Wofür steht das Grün-Werden in emotionaler Sicht? Beginnt die Geschichte von vorne? Weitererzählen, -malen, -schreiben der Geschichte.
- Thematisierung:
  - verschiedener Formen von Mobbing
  - Arbeit mit Metaphern, z.B. „Wir flüstern Farbe auf Toms Wangen“: Suchen und Thematisieren weiterer Metaphern, Stärkung des Sprachvermögens durch Verbildlichung der Metaphern

De Kinder, J. (2014): Tomatenrot – oder Mobben macht traurig. Atlantis Verlag, Stolberg

2.7 Ich bin Loris

ZUSAMMENFASSUNG

- ein Bilderbuch über ein Kind, das von Autismus betroffen ist
- für Kinder ab 5 Jahren

Hinweise zum Erschließen

- geeignet für Kinder mit und ohne Autismus
- gutes Vorstellungsvermögen und Empathie
- gute Konzentrationsfähigkeit und Durchhaltevermögen

Inhalt

Loris erklärt zu Beginn des Buches, dass er Autismus habe, und dies bedeute, sehr auf sich selbst bezogen zu sein. Er erzählt von seinen Hobbys und von der Notwendigkeit eines strukturierten Tagesablaufs. Auch die Freundschaft zum Nachbarsjungen Leo wird thematisiert. Im zweiten Teil erzählt er von der Schule und seinem Lieblingsfach Mathematik. Mit Kunst und Kreativität könne er nichts anfangen, weil er nicht wisse, was richtig und falsch sei. Auch Gruppenarbeiten und das Durcheinander in der Schulpause seien schwierig. Daher hat er eine Pausenfreundin Annika zugewiesen bekommen, die sich um ihn kümmert. Gemeinsam mit Leo und Annika gerät Loris in ein kleines Abenteuer mit einer verschwundenen Katze und wird am Ende zum Helden der Geschichte.

Pädagogische Empfehlung

Loris erzählt die Geschichte aus seiner Perspektive. Es wird deutlich, dass ihm Veränderungen Stress bereiten, er mit diesen aber dennoch umgehen kann. Das Buch tritt mit dem Anspruch auf, Loris' Anderssein leicht nachvollziehbar zu machen und Kindern zu zeigen, dass es keinen Grund für Ausgrenzung von Kindern mit Autismus-Spektrum-Störungen gibt. Es ist insgesamt von viel Optimismus und Lebensfreude geprägt.

Betrachtet man die Merkmale für Autismus-Spektrum-Störungen, z.B. Zurückgezogenheit, Genauigkeit, Planbarkeit, Vorliebe für Zahlen, kein Verständnis für Kreativität, mangelnde Spontaneität, Schwierigkeiten bei sozialen Interaktionen, Fokussierung auf Interessengebiete, Deutung von Emotionen, so lassen sich viele Parallelen zu Loris ziehen. Einzig, dass er Interesse an Freundschaften und sozialer Zugehörigkeit hat, kann man skeptisch sehen. Hier verbirgt sich eher gesellschaftlich intendierte Moral mit Blick auf das Leben in Gemeinschaft. Angesichts der großen Heterogenität von Kindern mit Autismus-Spektrum-Störungen, handelt es sich bei Loris eher um eine „leichte" Form des Autismus. Es besteht die Gefahr, dass hier Fehlvorstellungen erzeugt werden, die im realen Kontakt bei Kindern möglicherweise zu Irritationen führen könnten.

Aus pädagogischer Sicht erscheint es aber richtig, Loris nicht als krankes oder gestörtes Kind darzustellen. Damit wird der Mut von Kindern gefördert, mit Betroffenen Kontakt aufzunehmen, zumindest aber sie nicht zusätzlich auszugrenzen. Das Buch moralisiert den bzw. die BetrachterIn an keiner Stelle: Der Anspruch, niemanden aufgrund seines So-Seins auszugrenzen, schwingt eher subtil mit. Weitaus mehr geht es um den Wunsch, dass Menschen offen aufeinander zugehen können und Lösungen für das Leben in Gemeinschaft suchen.

Anregungen zur Arbeit mit dem Buch

- Der Verlag stellt kostenloses Download-Material zur Verfügung, das sehr gut erklärt, worum es bei Autismus geht, und verschiedene Arbeitsblätter und Aufgaben zu Loris, seiner Geschichte und Autismus-Spektrum-Störungen anbietet.
- Zusätzlich wird empfohlen, das Buch „Warum manchmal ein Brett vorm Kopf klebt und wieso man im Sitzen miteinander gehen kann. Ratgeber für Jugendliche mit Autismus“ heranzuziehen.
- Ideensammlung und mögliche Aufgabenstellung: Wie würden Leo und Annika die Geschichte erzählen? Über welche Schwierigkeiten würden sie berichten, die bei Loris Version nicht auftauchen?

Hächler, P., Tschirren, B., Mambourg, M. (2014): Ich bin Loris – Kindern Autismus erklären. Balance Buch + Medien Verlag, Köln

Downloadmaterial zum Buch: www.balance-verlag.de/fileadmin/storage/files/pv_book/153_Downloadmaterial.pdf, 11.07.2017

Weitere Literaturempfehlung:

Schneider, K., Köneke, V. (2017): Warum manchmal ein Brett vorm Kopf klebt und wieso man im Sitzen miteinander gehen kann. Ratgeber für Jugendliche mit Autismus. Ernst Reinhardt Verlag, München

2.8 Wie Pippa wieder lachen lernte

ZUSAMMENFASSUNG

- ein Bilderbuch über ein traumatisiertes Mädchen
- für Kinder ab 6 Jahren

Hinweise zum Erschließen

- ausreichende Konzentrationsspanne
- gute Wahrnehmungs- und Empathiefähigkeit
- für betroffene Kinder empfiehlt es sich, dass es durch eine dem Kind vertraute Person vorgelesen wird und so Erläuterungen und eine Begleitung ermöglicht werden

Inhalt

Pippa ist ein ganz normales Mädchen. Sie mag den Sommer, ihre Freunde und Tiere. Doch plötzlich passiert etwas sehr Schlimmes, das alles verändert. Pippa fühlt sich von der Welt abgeschnitten und kann weder weinen noch schreien. Sie spielt nicht mit anderen Kindern und nicht einmal ihr Lieblingsessen schmeckt ihr mehr. Immer wieder und urplötzlich drängen sich ihr Bilder des Geschehenen auf.

Eines Nachts wacht Pippa auf und entdeckt einen Löwen, der an ihrem Bettrand sitzt. In ihm findet Pippa endlich jemanden, mit dem sie sprechen kann ohne ein schlechtes Gewissen zu haben. Der Löwe hilft ihr durch den Alltag, rettet sie in furchtbaren Träumen und in Momenten, in denen sich ihr die Erinnerungen wieder aufdrängen. Außerdem kann der Löwe Pippa viel über Erwachsene und über schlimme Erinnerungen erklären.

Schließlich schafft Pippa es, mit ihrer Mutter zu sprechen. Sie erzählt ihr von ihrem Löwen und von ihrer Traurigkeit und erfährt im Gegenzug von den Sorgen und Gefühlen ihrer Mutter. Außerdem findet Pippa in ihrem Nachbarn einen Ansprechpartner, der sie gut versteht und die schönsten Geschichten kennt.

Ganz allmählich geht es Pippa besser. Sie ist viel seltener traurig und spielt manchmal sogar mit anderen Kindern. Pippa hat die Erfahrung gemacht, dass sie mit schwierigen Situationen umgehen kann. Ihr Löwe verabschiedet sich von ihr – er reist weiter zu anderen Kindern, denen es gerade sehr schlecht geht.

Pädagogische Empfehlung

Ein Trauma ist ein einschneidendes Ereignis, das alle Sicherheiten in Frage stellt und das Vertrauen in das Leben und die Mitmenschen zutiefst erschüttern kann. Nach einem traumatischen Ereignis bedarf es unbedingt einer engen Betreuung des Betroffenen, um eine Bewältigung zu ermöglichen.

Welches Trauma Pippa erleben muss, erfährt der bzw. die LeserIn nicht. Dies wird bewusst offengelassen, um möglichst viele Kinder erreichen zu können. Diese Offenheit schafft außerdem eine Distanz für traumatisierte Kinder, die sie vor Retraumatisierung schützt und ihnen eine Thematisierung ermöglicht, die ihren momentanen Möglichkeiten entspricht, ohne sie zu überfordern oder zu triggern.

Das (Er-)Leben nach einer Traumatisierung wird sehr genau beschrieben und von eindrucksvollen Bildern sensibel begleitet. Dies ermöglicht betroffenen Kindern eine Identifikation mit Pippa. Auch bietet das Bilderbuch viel Hilfreiches für den Umgang mit dieser schwierigen Situation. Ihr imaginärer Freund unterstützt und ermutigt Pippa, wieder auf das Leben zuzugehen. Auch ist Pippas Nachbar ein Ansprechpartner, der sie versteht und schließlich zu einer echten Kommunikation zwischen Pippa und ihrer Mutter beiträgt.

Das Buch endet positiv, aber realistisch. Pippa ist älter geworden, zuversichtlich und hat ihre Lebensfreude wiedererlangt. Das letzte Bild zeigt sie ausgelassen mit ihrer Freundin.

Anregungen zur Arbeit mit dem Buch

- Ein Begleitband bietet ausführliche fachliche Informationen für das Umfeld betroffener Kinder.
- Darauf achten, dass ein Trauma nicht als leicht überwindbar erscheint.
- Ideensammlung und mögliche Aufgabenstellungen:
  - Gestaltung der Seite 8 des Buches: „Hier kannst Du Dein eigenes Erlebnis zeichnen oder aufschreiben."
  - Pippa hat einen Löwen als Freund. Stell Dir vor, Du hättest auch einen Freund, den nur Du sehen kannst. Wie sieht er aus? Male ein Bild von euch beiden!
  - Das Buch in Etappen lesen und an verschieden Stellen weitererzählen.

Lackner, R. (2005): Wie Pippa wieder lachen lernte – Fachliche Hilfe für traumatisierte Kinder. Springer-Verlag Wien, Wien

3 Geschwisterkinder und ihr Erleben

3.1 Mein großer Bruder Matti

ZUSAMMENFASSUNG

- ein Bilderbuch über ein Kind, das von ADHS betroffen ist
- für Kinder ab 5 Jahren

Hinweise zum Erschließen

- Konzentrationsspanne von etwa 15 Minuten grundsätzliche Fähigkeiten zu Empathie und Perspektivwechsel

- für betroffene Kinder empfiehlt es sich, dass es durch eine dem Kind vertraute Person vorgelesen wird und so Erläuterungen und eine Begleitung ermöglicht werden

Inhalt

Matti ist Julius' großer Bruder. Die beiden wohnen mit ihrer Mama zusammen in einem Haus mit Garten. Matti wird von Julius bewundert, denn er ist mutig, furchtlos, einfallsreich, spontan, begeisterungsfähig und klug. Manches macht Julius aber auch Angst, denn Matti ist auch impulsiv, laut, stürmisch, unberechenbar und manchmal ganz plötzlich schrecklich wütend. Julius stellt fest, dass alle Gefühle – die Julius willkommenen wie die von ihm als schwierig empfundenen – bei Matti stärker zu sein scheinen.

Als die Probleme in der Schule schlimmer werden, entschließt sich Mama zu einem Besuch bei einem Experten. Nach einiger Zeit steht fest: Matti hat ADHS. Mama erklärt Julius, dass in Mattis Gehirn etwas anders ist und Matti berichtet erleichtert, dass man an seinen Problemen durchaus arbeiten könne. Auch Medikamente wollen Mama und Matti ausprobieren. Matti erhält viel Unterstützung und Hilfsmittel für den Alltag. Julius beobachtet das alles fasziniert. Wie alles weitergeht, weiß Julius nicht. Aber er weiß, dass Matti sein großer Bruder bleiben wird, der die tollsten Sachen erfindet.

Pädagogische Empfehlung

Matti zeigt viele Symptome eines Kindes mit ADHS: Er ist impulsiv, leicht ablenkbar, unkonzentriert und sprunghaft. Die Mutter entscheidet sich dafür, psychologische Hilfe in Anspruch zu nehmen, als Mattis Lehrerin seine schulischen und sozialen Probleme rückmeldet. Matti wird dabei immer als handlungsfähig beschrieben. Er selbst berichtet von den Erfahrungen beim Psychologen. Auch in die Entscheidung für die Medikation wird er miteinbezogen. Die Mutter unterstützt ihn, so gut sie kann. Sie gibt ihm frühzeitig Rückmeldungen, wenn sie bemerkt, dass Matti wütend wird. Matti muss diesen Weg nicht alleine gehen, gleichzeitig bleibt er verantwortlich für sich selbst. Dass Momente der Fremdbestimmung nicht auftreten, kann betroffenen Kindern Mut machen und ihnen die Angst vor einer Therapie nehmen. Die Handlungs- und Entscheidungsfähigkeit Mattis ist eine große Stärke dieses Bilderbuches. Auch der Bruder des Betroffenen gerät nicht in ein Außenseiterdasein. Die Mutter und Matti informieren ihn im wesentlichen Augenblick über alles Relevante und lassen ihn teilhaben. So kann Julius fasziniert sein von den Hilfsmitteln, die Matti erhält. Neid muss sich da nicht entwickeln. Dem bzw. der LeserIn wird eine kindgerechte Erklärung der neurobiologischen Vorgänge im Gehirn ADHS-Betroffener angeboten. Begriffe wie ADHS oder Psychologe werden konkret benannt und so enttabuisiert – auch wenn der Psychologe mit einem Psychiater verwechselt wird.

Die farbenfrohen Zeichnungen und die kindgerechte Erzählung stehen nebeneinander. So kann beides unabhängig voneinander betrachtet werden, außerdem kann diese Klarheit für Kinder mit einer Aufmerksamkeitsproblematik unterstützend wirken.

Das Buch endet positiv, offen und realistisch und lässt viel Platz zur Interpretation.

Anregungen zur Arbeit mit dem Buch

- Darauf achten, dass ADHS und der Leidensdruck der Betroffenen und Angehörigen nicht verharmlost werden.
- generelle Thematisierung von Gefühlen wie Freude, Wut; Arbeit mit Gefühlswürfeln, Gefühlsmemory etc.
- Ideensammlung und mögliche Aufgabenstellungen:
  - Nachspielen der Szenen in Familie und Schule
  - Wie geht es Julius, Matti und Mama wohl ein Jahr später?
  - Kennst Du auch jemanden, der manchmal so ist wie Matti? Was kann er/sie besonders gut? Beschreibe ihn/sie!

Freudiger, A. (2015): Mein großer Bruder Matti – Kindern ADHS erklären. 2. Aufl. Balance Buch + Medien Verlag, Köln

3.2 Schattenschwester

ZUSAMMENFASSUNG

- Ein Kinderbuch über ein Kind mit einer depressiven Schwester
- für Kinder ab 3 Jahren

Hinweise zum Erschließen

- gute Konzentrationsfähigkeit beim Betrachten und Zuhören
- hilfreich ist es, Erfahrungen mit Geschwistern zu haben
- Durchhaltevermögen für ErstleserInnen

Inhalt

Ein kleiner Junge erzählt die Geschichte seiner großen Schwester Emma. Sie leben gemeinsam mit ihren Eltern, doch mit Emma stimmt seit einiger Zeit etwas nicht: Sie zieht sich zurück, lacht nicht mehr und beginnt ab und an scheinbar grundlos zu weinen. Manchmal steht sie nicht einmal auf, um in die Schule zu gehen. Bisweilen sind auch die Eltern sehr traurig und Emmas kleiner Bruder fragt sich, ob sie sich wohl bei Emma angesteckt haben und ob er auch gefährdet ist. Zumindest das Fröhlichsein verbietet er sich für zuhause. Emmas Bruder gerät in innere Konflikte, weil ihm die Schwester Dinge anvertraut, die die Eltern nicht wissen sollen und die Eltern leise über Emma reden, was er nicht hören soll. Zudem kümmern sie sich viel um ihre Tochter und Emmas Bruder fühlt sich vernachlässigt. Schließlich klärt die Mutter Emmas Bruder über die Erkrankung Depression auf. Sie verwendet dabei das Bild eines Schattens, der Emma überallhin begleitet, mal größer und mal kleiner ist. Ein Psychologe hilft Emma, mit dem Schatten leben zu lernen und beantwortet auch dem kleinen Bruder alle Fragen. So normalisiert sich das Familienleben wieder.

Pädagogische Empfehlung

Mit „Schattenschwester“ liegt die selten eigenommene Perspektive eines Geschwisterkindes vor, das von seiner an Depression erkrankten Schwester berichtet. Wo sich Eltern auf ihr erkranktes Kind konzentrieren müssen, geraten Geschwisterkinder oft völlig unbeabsichtigt ins Abseits und können darüber selbst erkranken. Die Aufmerksamkeit, die ihnen weniger zuteilwird, unterliegt unterschiedlichen emotionalen Selbstdeutungen, die von Schulgefühlen bis hin zu grundsätzlichen Ablehnungsgedanken reichen können. Dies kann man auch daran erkennen, dass der Junge im Buch keinen Namen erhält oder anführt.

Klugerweise wird darauf verzichtet, den Jungen zum Schattenkind zu machen, so wie in der Fachliteratur Geschwister von psychisch erkrankten Kindern bisweilen bezeichnet werden. Damit wird eine vorschnelle Identifikation nicht erkrankter Geschwisterkinder mit ihrer Situation verhindert.

Es wird deutlich, wie komplex psychische Erkrankungen auf Familien und vor allem auf nicht betroffene Geschwisterkinder einwirken. Dies geschieht in einer unaufgeregten, klaren und sehr kindgemäßen Wort- und Bildsprache: einfach, ohne zu vereinfachen.

Anregungen zur Arbeit mit dem Buch

- Dem Buch ist am Ende ein Anhang mit Arbeitsmaterial beigefügt. Darin geht es um Themen wie Einsamkeit und Trauer, Schuld, offene Fragen im Zusammenhang psychischer Erkrankungen u.v.m. Zudem regt es Kinder an, sich mit den Gefühlen, die im Buch beschrieben werden, aber auch den unbeschrieben Gefühlen, auseinanderzusetzen.
- Ideensammlung und mögliche Aufgabenstellungen:

- Was Emma genau fühlt und was sie ihrem Bruder über ihren Gefühlszustand verrät, erfährt man nicht: Erfinden von Dialogen zwischen Bruder und Schwester; Gedankenblasen für Emma verfassen: Was denkt sie, wenn sie im Bett liegt und sich zurückzieht?
- Am Ende des Buches sieht man Bilder von schönen Tagen mit Emma: Erzählen und schreiben von dem, was Emma mit ihrem Bruder und ihren Eltern erlebt hat.

Temper, A. (2016): Schattenschwester – Ein Kinderfachbuch für Kinder mit einem depressiven Geschwisterkind. Mabuse-Verlag, Frankfurt a. M.

3.3 Davids Welt

ZUSAMMENFASSUNG

- ein Bilderbuch über Autismus bei Kindern und wie man damit umgehen kann
- für Kinder ab 5 Jahren

Hinweise zum Erschließen

- für jüngere Kinder: Konzentration für eine längere Vorlesezeit, ggfs. Unterteilen des Buches in Abschnitte
- gutes Vorstellungsvermögen und hohe Empathiefähigkeit
- einfaches Symbolverständnis zum Erschließen der Metaphern

Inhalt

David lebt mit Autismus, was man von dessen Bruder erfährt. Dieser erzählt von David und seinen Verhaltensweisen: Er mag nicht umarmt werden, keinen Lärm oder Veränderungen und spielt auch nicht mit anderen Kindern. Außerdem spricht er bisweilen in einer Phantasiesprache und kann sehr wütend werden. Gleichzeitig kann er ausgezeichnet beobachten und beispielsweise Klavier ohne Noten spielen. In zwölf Episoden werden verschiedene Alltagssituationen vorgestellt, in denen jedoch nie David allein im Mittelpunkt steht, sondern immer im Zusammenhang mit seiner Familie, allen voran mit seinem Bruder.

Pädagogische Empfehlung

Dass David nicht selbst von seiner Welt erzählt, sondern man durch seinen Bruder davon erfährt, erscheint angesichts der Diagnose Autismus logisch. David wird als Bruder mit Eigenarten dargestellt, das Wort Autismus fällt nur im Zusammenhang mit dem Titel. So erfährt man auch nicht, um welche Form des Autismus es sich bei David handelt. Sein Bruder spekuliert, es könne sich bei David um eine Art Außerirdischen handeln, weil er ihn nicht richtig verstehen kann. Das Bild des Außerirdischen hilft ggfs. jüngeren Kindern nachzuvollziehen, dass David in einer Familie und doch in einer sehr eigenen Welt lebt. Da das Buch keinen eigentlichen Handlungsverlauf aufweist, sondern Einblick in das Leben eines Kindes mit Autismus geben will, wird die Szene bei der Therapeutin zur Schlüsselszene, denn sie hilft beiden Seiten mit der Kommunikation.

Problematisch erscheint, dass mit David das Klischee eines Autisten gezeichnet wird, Autismus jedoch zu komplex und heterogen ist, um ihn darauf zu reduzieren. Sicher kann dies für jüngere Kinder ein erster Zugang zur Thematik Autismus sein. Letztlich jedoch ist es „nur" ein Bild von Davids Welt und kein direkter Einblick in sein Erleben, weil er selbst von diesem nicht berichten kann. Es erscheint eher fraglich, ob betroffene Kinder mithilfe des Buches mehr über sich und ihr Dasein in der Welt erfahren können.

Mit einigen von Davids Erfahrungen lässt sich mitfühlen: beispielsweise, wie es ist, sich nicht verständlich machen zu können, oder sich zurückziehen zu wollen und es nicht zu können etc. Dann aber ginge es eher um die Erfahrung, wie die Außenwelt auf ein Kind mit Autismus reagiert und weniger darum, wie sich das Erleben des Betroffenen tatsächlich darstellt. Fraglich ist aber, ob dies nicht zu einer Verharmlosung von Autismus und den Konsequenzen im Leben und Erleben führt. Daher ist es besonders wichtig, sich weiter mit dem Thema auseinanderzusetzen und den Kindern über das Buch hinaus Hilfestellungen anzubieten und Fragen zu beantworten.

Die Rolle der Therapeutin und die ihr zugeschriebenen Aufgaben sind problematisch. Zum einen wird damit suggeriert, David sei krank und könne geheilt werden. Zum anderen werden Aufgaben beschrieben, die eher ins pädagogische, denn ins therapeutische Feld fallen.

Anregungen zur Arbeit mit dem Buch

- In der Arbeit mit Betroffenen ggfs. den Titel und das letzte Kapitel des Buches weglassen, da Formen von Autismus sehr unterschiedlich ausgeprägt sind.
- Es sollte vermieden werden, Autismus zu verharmlosen, indem eine Auseinandersetzung über Stärken und Schwächen eines jeden Menschen etc. stattfindet.
- Ideensammlung und mögliche Aufgabenstellung:
  - Wie würdest oder könntest Du mit David umgehen? Wie gehst Du mit Menschen um, die Dir befremdlich erscheinen?
  - In die Rolle der Therapeutin versetzen: Was könnte David helfen, in bestimmten Situationen besser zurechtzukommen?

Müller, D., Ballhaus, V. (2014): Davids Welt – Vom Leben mit Autismus. Annette Betz – Ueberreuter Verlag, Berlin

3.4 Eine Tütü-Torte für Elise

ZUSAMMENFASSUNG

- ein Bilderbuch über Magersucht aus Sicht der jüngeren Schwester
- für Kinder ab 5 Jahren

Hinweise zum Erschließen

- grundsätzliches Symbolverstehen
- grundsätzliches Wissen über Gefühle
- für betroffene Kinder empfiehlt es sich, dass es durch eine dem Kind vertraute Person vorgelesen wird und so Erläuterungen und eine Begleitung ermöglicht werden

Inhalt

Marie kann toll backen und lebt mit Mama, Papa und ihrer Schwester Elise zusammen. Elise kann für Marie großartige Geschichten erfinden und möchte Ballett-Tänzerin werden. Eines Tages kündigt Elise an, weniger essen zu wollen, um für das Tanzen leicht wie eine Feder zu sein. Elise isst immer weniger, nimmt dadurch viel ab, ist sehr gereizt und findet plötzlich sogar Maries Torten zu fettig. Auch mit dem Geschichtenerzählen hört Elise auf. Marie wird erst wütend, dann traurig und einsam. Sie beobachtet, wie ihre Schwester Essen wegwirft und macht sich große Sorgen. Als Mama schließlich verstecktes Essen unter Elises Bett findet und sie auf die Waage zwingt, suchen die Eltern mit ihr einen Arzt auf und bringen sie schließlich in eine Klinik. Mama erklärt Marie, dass Elise an Magersucht leide und dass das nichts mit Marie zu tun habe.

Marie vermisst Elise schrecklich, als diese in der Klinik ist. Doch Elise schafft es, zuzunehmen und auch die Gespräche mit den Ärzten helfen ihr. Schließlich erhält Marie einen Brief von Elise. Die große Schwester bittet sie um einen Besuch – sie hält eine neue Geschichte für sie bereit!

Pädagogische Empfehlung

Marie beobachtet die körperliche und psychische Veränderung ihrer Schwester: Elise nimmt stark ab, sie zieht sich aus dem Familienleben zurück und ist ständig gereizt. Die Symptome der Magersucht werden aus der Sicht der kleinen Schwester beschrieben, die sich in einer Zwickmühle befindet: Soll sie ihren Eltern sagen, dass Elise heimlich Essen wegwirft? Trägt sie eine Mitschuld am Zustand der Schwester, wenn sie schweigt?

Geschwisterkinder psychisch Erkrankter fühlen sich häufig ihrer Aufmerksamkeit beraubt, wenn plötzlich die erkrankte Schwester (oder der erkrankte Bruder) im Mittelpunkt steht, sie sind hin- und hergerissen zwischen dem Geschwisterkind, das sie in Geheimnisse einweiht, und den Eltern, die davon nichts wissen dürfen, denen sie sich aber dennoch stark verbunden und verpflichtet fühlen. So geht es auch Marie. Sie fühlt sich hilflos, weil sie Elise nicht helfen kann und ist gleichzeitig oft schrecklich wütend auf sie, weil Elise so ungerecht und verletzend ist.

Als die Mutter endlich mit Marie spricht, verliert die Situation für sie an Bedrohlichkeit. Transparenz und Offenheit wirken bei Kindern den Ängsten und eigenen Erklärungsversuchen entgegen, die zwangsläufig in Situationen entstehen, die nicht gedeutet werden können.

Zuhause entspannt sich die Situation, als Elise in der Klinik aufgenommen wird. Die Eltern bleiben mit Elise und ihren Ärzten in Kontakt und halten das auch für Marie transparent: Die Familie spricht endlich über die Erkrankung. Mit der Einkehr der offenen Kommunikation in der Familie geht es auch Marie besser: Sie nähert sich ihrem Hobby, dem Backen, wieder an. Schließlich ist es ihre Schwester, die einen Schritt auf sie zu macht. Marie erhält einen

Brief: Elise wünscht sich etwas Gebackenes, im Gegenzug hält sie eine Geschichte für Marie bereit. Manches, so scheint es, könnte werden wie früher.

Die Zeichnungen unterstreichen eindrucksvoll das Erleben Maries: Elises Körper ziert häufig die Pfauenfeder und somit der Wunsch, so leicht zu sein wie eine Feder. Die Darstellung Elises vor dem Spiegel stellt die verzerrte Eigenwahrnehmung dar – sichtbar abgemagert sieht sie im Spiegel ein pummeliges Mädchen. Diese Szenen sollten mit Kindern besprochen werden, damit sie nicht untergehen oder fehlinterpretiert werden.

Anregungen zur Arbeit mit dem Buch

- genaues Besprechen der Bilder (z.B. Spiegelszene)
- Ideensammlung und mögliche Aufgabenstellungen:
  - Verfassen eines Antwortbriefes an Elise
  - Malen eines Bildes über den neuen Alltag nach Elises Rückkehr aus der Klinik
  - Übungen zur Eigen- und Fremdwahrnehmung, z.B. Kinder zeichnen gegenseitig ihre Körperumrisse am Boden auf Papier; Freude an Zerrspiegeln und dem sich verändernden Körper
  - Achtsamkeitsübungen, z.B. einfache Atemübungen zur Stärkung der Bauchatmung, Grundformen progressiver Muskelentspannung; thematische Traumreisen

Freudiger, A. (2014): Eine Tütü-Torte für Elise – Kindern Magersucht erklären. Balance Buch + Medien Verlag, Köln

4 Emotionen als Thema

4.1 Heute bin ich

ZUSAMMENFASSUNG

- ein Bilderbuch über einen gefühlvollen Fisch
- für Kinder ab 3 Jahren

Hinweise zum Erschließen

- differenzierte Wahrnehmungsfähigkeit und Symbolverstehen
- grundsätzliches Wissen über Emotionen und Emotionsvokabular
- Mimik, Gestik und Körperhaltungen deuten können

Inhalt

Das Bilderbuch thematisiert auf jeweils einer Doppelseite eine Stimmung oder ein Gefühl, das sowohl benannt als auch bildlich anhand der Zeichnung eines Fisches dargestellt wird. Es gibt glückliche und traurige, stolze und verlegene, mutige und ängstliche Fische. Mit Pastellkreiden auf schwarzen Hintergrund gezeichnet, wird dabei künstlerisch ausgedrückt, was die Fische empfinden. Ein mutiger Fisch wirkt dabei winzig klein im schwarzen Ozean, während ein anderer zufrieden mit geschlossenen Augen durch das Wasser gleitet. Auf der gegenüberliegenden Seite findet der bzw. die LeserIn jeweils die passende Begrifflichkeit für die Empfindung des Fisches. Die insgesamt zwanzig Begriffe sind vor einen passenden Hintergrund gezeichnet und wiederum auf die Empfindung abgestimmt. Der verwirrte Fisch erhält einen sehr verwackelten und unsicheren Schriftzug auf unruhigem roten Hintergrund, während die Vergnügtheit selbstbewusst in bunten Buchstaben auf einem freundlichen Hintergrund ihren Platz findet.

Pädagogische Empfehlung

Die gekonnten Illustrationen ermöglichen dem bzw. der LeserIn durch den Verzicht auf geschlechts- und rassenspezifische Stereotype eine Identifizierung mit den Fischen. Die Kreidezeichnungen weisen eine hohe Sensibilität auf, auch sind die verfügbaren künstlerischen Mittel dabei intelligent genutzt. So sind Farbauswahl, Flächengestaltung und Konturen immer sensibel auf die jeweilige Stimmung abgestimmt.

Die künstlerisch wertvollen Zeichnungen können auch unabhängig von den Begriffen betrachtet werden. Je nach Entwicklungsstufe des betrachtenden Kindes kann eine Auswahl an Stimmungen bzw. Emotionen hilfreich sein. Ebenso empfiehlt sich für Kinder mit einer kurzen Aufmerksamkeitsspanne eine Reizreduzierung durch eine Reduzierung des Angebots.

Anregungen zur Arbeit mit dem Buch

- Thematisierung von Gefühlen: Was sind Gefühle? Woran erkennt man sie?
- Ideensammlung und mögliche Aufgabenstellungen: Gespräche über eigene und fremde Gefühle führen
- Gefühle-Raten: Welches Gefühl wird dargestellt?
  - Geschichten erzählen zu einzelnen Fischen: Was hat der Fisch wohl erlebt, dass er sich so fühlt?

– Malen von eigenen Gefühlsfischen. Hierfür eignet sich zum Beispiel im Voraus von den Kindern selbst hergestellte Zuckerkreide, bei der die Farben intensiver sind.

van Hout, M. (2016): Heute bin ich – Miniausgabe. Aracari, Zürich

4.2 Gefühle sind wie Farben

ZUSAMMENFASSUNG

- ein Bilderbuch über eigene und fremde Gefühle zum Mitfühlen und Mitfreuen
- für Kinder ab 4 Jahren

Hinweise zum Erschließen

- gut geeignet für Kinder mit sehr kurzen Konzentrationsspannen (Buch kann in Etappen gelesen werden)
- grundlegendes Wissen über Emotionen und Stimmungen
- grundsätzlicher Wortschatz über Emotionen

Inhalt

In diesem Bilderbuch werden viele Gefühle dargestellt, sie durchziehen den Alltag und spielen in vielen Situationen eine wichtige Rolle. Sie verleihen dem Leben unterschiedlichste Färbungen. Um Gefühle anzuregen, genügt manchmal eine Frühlingsblume. Das kann dazu führen, dass man Frühlingsgefühle bekommt und ein Gedicht schreiben möchte. Auch Menschen können Gefühle hervorrufen. Dann kann eine Geburtstagseinladung große Freude und Aufregung verursachen. Ein Bauklotzgebilde kann Erstaunen und Bewunderung hervorrufen; durch die Zerstörung des Gebildes zieht der Zerstörer die Wut der Beobachter auf sich und ruft Mitleid für den Erbauer und Geschädigten hervor. Eine Gruselgeschichte lässt Haare zu Berge stehen. Wer das erste Mal vor der neuen Klasse steht, möchte womöglich lieber im Erdboden versinken. Wenn das geliebte Haustier stirbt, hinterlässt das eine tiefe Traurigkeit. Und dann kann man ja auch noch wütend sein, weil sich jemand ohne zu fragen Stifte leiht. Man kann glücklich sein, indem man mit jemandem teilt oder weil man einfach zufrieden auf der Wiese in der Sonne liegt. Und man kann sich schrecklich einsam, verloren, krank, elend, unsicher, ungeduldig, vernachlässigt und wenig später sehr stolz, ausgeglichen, friedlich, freudig und aufgeregt fühlen.

Pädagogische Empfehlung

Gefühle sind allgegenwärtig und beeinflussen stark unser Verhalten. Werden die Gefühle eines Kindes durch Außenstehende konstant missachtet, kann dies für das Kind im Erwachsenenalter schwerwiegende Folgen nach sich ziehen.
Das Bilderbuch beschreibt viele Gefühle, in denen sich auch viele junge LeserInnen wiederfinden. Neben primären Emotionen (Freude, Interesse, Angst, Ärger, Traurigkeit, Überraschung) werden sekundäre Emotionen thematisiert, die besonders in sozialer Interaktion erworben werden und situativ gebunden sind, etwa Stolz oder Scham.

Die Gefühle werden nie isoliert dargestellt, sondern immer mit Alltagssituationen und den Reaktionen und/oder Emotionen des Gegenübers verknüpft. Mitmenschen reagieren mit Mitgefühl, Zuneigung oder Freude, aber auch mit Wut, Entrüstung oder Demütigung auf das Verhalten und Sein des Gegenübers.

Die eindrucksvollen, kindgerechten Zeichnungen können auch isoliert betrachtet werden. Die handgeschriebenen Texte unterstreichen die Emotionen jeweils: Bei den Gefühlen Scham und Trauer erscheinen die Worte sehr klein, bei einem Wutanfall sprudeln die Worte in Großbuchstaben nur so aus der Seite heraus.

Durch die Einteilung des Bilderbuches in viele verschiedene und in sich geschlossene Einheiten kann das Buch in Etappen betrachtet werden. Je nach Zielgruppe bietet es sich an, das Buch in Abschnitte zu gliedern oder die einzelnen Einheiten zunächst isoliert zu präsentieren, was besonders für Kinder mit einer kurzen Aufmerksamkeitsspanne hilfreich ist. Für diese Kinder bedarf es besonders auf den Seiten im Comic-Stil einer engen Betreuung und einer weiteren Untergliederung der Einheiten, um Reize zu reduzieren.

Anregungen zur Arbeit mit dem Buch

- Thematisierung von Gefühlen: Was sind Gefühle? Woran erkennt man sie?
- Ideensammlung und mögliche Aufgabenstellungen:
  - Rollenspiele: Reaktionen auf Gefühle anderer; Szenen aus dem Buch nachspielen
  - Einführen eines Rituals zum Anzeigen der Gefühle: Stimmungsbarometer, Gefühlskarten
  - Gefühle-Raten, Standbilder, Pantomime
  - gemeinsam ein Gefühle-Memory basteln
  - Gefühlscollagen anfertigen mit selbst gezeichneten und ausgeschnittenen Bildern

Aliki (2016): Gefühle sind wie Farben – Vierfarbiges Bilderbuch. 18. Aufl. Beltz, Weinheim

4.3 Ein Dino zeigt Gefühle

ZUSAMMENFASSUNG

- ein Bilderbuch über einen Dino, der verschiedene Gefühle durchlebt
- für Kinder ab 4 Jahren

Hinweise zum Erschließen

- grundsätzliches Wissen über Emotionen und Stimmungen
- Mimik, Gestik und Körperhaltungen erkennen und deuten können

Inhalt

Der Dino durchlebt verschiedene Stimmungen. Mal ist er fröhlich, dann pfeift, lacht und hüpft er. Er erzählt davon, dass es ihm gut gehe, er sich leicht fühle und das Leben schön sei. Der Dino ist aber auch manchmal wütend, dann schreit, tobt und kämpft er und hat Wut im Bauch. Zwölf Stimmungen durchlebt Dino: sehr schöne und sehr anstrengende und viele irgendwo dazwischen.

Pädagogische Empfehlung

Auf jeweils einer Doppelseite stellt das Bilderbuch eine Stimmung dar. Jede Stimmung wird begleitet von ausgewählten Verben und beispielhaften Aussage- und Fragesätzen, die der Stimmung zugeordnet werden. Außerdem begleitet jeweils eine klare Zeichnung eines Dinosauriers die Stimmung. Das Grundspektrum der Stimmungen enthält Fröhlichkeit, Misstrauen, Stress, Nachdenklichkeit, Angst, Glück, Traurigkeit, Wut, Entspannung, Ablehnung, Staunen und Geborgenheit. In einem zweiten Band werden weitere Stimmungen benannt und dargestellt.

Das Bilderbuch eignet sich, um auch mit sehr jungen Kindern über Stimmungen und Gefühle ins Gespräch zu kommen und sie zum Thema zu machen. Ein entnehmbarer Ratgeber gibt Erwachsenen generelle Informationen zu Emotionen und präventiver Arbeit. Er enthält zahlreiche Möglichkeiten für die Arbeit mit dem Bilderbuch, darunter Rollenspiele, Ratespiele, Pantomime, Kreisspiele, Gesprächsanlässe und Malaufgaben. Die Erarbeitungsmöglichkeiten gliedern sich nach der Gruppengröße: Es gibt einige Aufgaben für die Einzelarbeit, andere eignen sich besser für eine Kleingruppe und einige sind in der größeren Gesamtgruppe möglich.

Anregungen zur Arbeit mit dem Buch

- Zahlreiche Anregungen finden sich im Begleitmaterial des Buches.
- Ein zweiter Band bietet weitere Stimmungen an.
- Ideensammlung und mögliche Aufgabenstellungen:
  - einen eigenen Gefühlsdino zeichnen
  - Gefühle pantomimisch darstellen
  - Assoziations- und Ratespiele: Welche Farben stehen für welche Gefühle?

Manske, C., Löffel, H. (1996): Ein Dino zeigt Gefühle – Bilderbuch mit pädagogischem Begleitmaterial. Band 1. 6. Aufl. Mebes & Noack, Köln

4.4 Der Seelenvogel

ZUSAMMENFASSUNG

- ein poetisches Bilderbuch über das Seelenleben
- für Kinder ab 3 Jahren

Hinweise zum Erschließen

- einfaches Symbolverstehen
- Kennen und Unterscheiden verschiedener Emotionen und Empfindungen
- gutes Vorstellungs- und Abstraktionsvermögen

Inhalt

Jeder Mensch hat eine Seele. Um Kindern eine Idee davon zu geben, was das ist, wählen die Autoren das Bild des Seelenvogels. Der Seelenvogel hat einen großen Schlüssel um seinen Hals, mit denen er verschiedene Schubladen auf- und zusperren kann, die in seinem Körper untergebracht sind. Die Schubladen sind stark mit Gefühlen und Empfindungen verknüpft. Bisweilen vergisst der Seelenvogel die eine oder andere Schublade wieder zuzusperren, dann hält eine seelische Gestimmtheit für längere Zeit an. Der Seelenvogel nimmt die Gefühlszustände seines Besitzers an und kann beispielsweise vor Freude springen, aber auch ganz in sich gekehrt sein.

Pädagogische Empfehlung

Die Figur des Seelenvogels ist klug gewählt, um Kindern näher zu bringen, was seelisches Empfinden sein könnte. Er ist konkret und doch unerreichbar, weil er im Gegensatz zum Menschen fliegen kann. Er erfüllt keine Geschlechterklischees und doch kann man sich mit ihm identifizieren. Schnell wird deutlich, dass es um mehr als Emotionen geht: die Bewegungen des Vogels, seine Reaktionen auf die Empfindungen seines Besitzers bei gleichzeitiger Eigenständigkeit, die wechselnde Farbigkeit im Buch sowie die gelungene Mischung von Offenheit und Konkretheit in der Bildsprache.

Die Sprache fällt einfach, aber nicht simplifizierend aus, weshalb das Buch gut auch zur ernsthaften Betrachtung mit jüngeren Kindern geeignet ist. Insgesamt verhilft das Buch Kindern dazu, die eigenen, manchmal nicht ganz erklärlichen Gefühlslagen bei sich und anderen besser zu verstehen und zumindest Bilder dafür zu gewinnen. Gleichzeitig öffnet das Buch auch ein Gefühl für den Geheimnischarakter der Welt. Manches lässt sich nur in Bildsprache oder durch Metaphern erklären, so auch die Seele. Sie ist da, jeder Mensch hat sie und doch hat sie nie jemand gesehen.

Anregungen zur Arbeit mit dem Buch

- Thematisierung des Zusammenhang von Farbe und Emotion: Zeichnung eines eigenen Seelenvogels zum Ausdruck eigener Gestimmtheit durch bewusstes Einfärben
- Ideensammlung und mögliche Aufgabenstellungen:
  - Einen Seelenvogel basteln, dessen Schubladen zum Öffnen sind: Wörter hinter die Schubladenblende schreiben, die für eigene Empfindungen und Gefühlslagen stehen; aus Adjektivsammlungen dafür auswählen.
  - Der Seelenvogel als Gesprächshilfe in Morgenkreisen: „Meinem Seelenvogel geht es heute…, weil…“
  - Staunen über die Geheimnisse des Lebens: Andere Beispiele suchen. Was ist ebenso geheimnisvoll wie die Seele?

Snunit, M., Golomb, N. (1991): Der Seelenvogel. Carlsen, Hamburg

4.5 Die Brücke

ZUSAMMENFASSUNG

- ein Bilderbuch über die Vorzüge der Teamarbeit
- für Kinder ab 3 Jahren

Hinweise zum Erschließen

- Die Fähigkeit, von anderen auf sich zu schließen zur Identifikation mit den Protagonisten
- kognitive Fähigkeiten für die Lösung von Konflikten
- Fähigkeiten zum Modell- und Imitationslernen

Inhalt

Ein Bär und ein Riese wollen gleichzeitig über eine Brücke einen großen Fluss überqueren. Von beiden Seiten laufen sie aufeinander zu und treffen in der Mitte der Brücke aufeinander. Dort merken sie, dass sie nicht aneinander vorbeikommen. Keiner gibt nach und geht zurück. Beide realisieren die Stärke des jeweils anderen und die wacklige Brücke über den reißenden Fluss. Sie merken, dass ein Kampf sinnlos ist und beginnen sich aneinander festzuhalten und langsam zu drehen. Auf der anderen Seite stehend blicken sich beide an, bedanken sich gegenseitig und gehen ihrer Wege.

Pädagogische Empfehlung

Konflikte spielen eine zentrale Rolle im Leben eines jeden Menschen, auch in dem von Kindern. Schnell geht es im Streit dann darum, wer an etwas schuld ist, mit etwas angefangen hat oder verantwortlich sei. Die Geschichte vom Bären und Riesen, die den Fluss überqueren, kann Kindern zeigen, dass gegenseitige Schuldzuweisungen und die Erwartung, der jeweils andere müsse sich bewegen, nicht ans Ziel führen.

In der Schlüsselszene werden die Bilder zu einem Standbild; die Blicke von Bär und Riese erstarren. Die schmale Brücke, die über den Fluss führt, zeigt Kindern gut die Zweckmäßigkeit einer Lösung auf. Es geht nicht darum, sich durchzusetzen, sondern an das jeweils andere Ufer zu gelangen. Das Ziel der Protagonisten weist daher Symbolcharakter auf; ebenso der Fluss, von dem es heißt, er kenne viele Geschichten. Die Art der Konfliktlösung wirkt beim näheren Betrachten der Bilder beinahe wie ein Tanz. Aus Bedrohung und Zurschaustellung körperlicher Überlegenheit werden Berührung und beinahe schon tänzerische Leichtigkeit. Das Standbild löst sich auf und nun illustrieren viele kleine Bilder die schrittweise Lösung und erzeugen Bewegung.

Anregungen zur Arbeit mit dem Buch

- Einstieg in Themen wie „Mit Konflikten umgehen“, „Miteinander sprechen und umgehen“, „Zusammenleben in Gemeinschaften“, „Vergebung erfahren und sich versöhnen“
- Thematisierung von Konflikten, die sich nicht so lösen lassen wie derjenige von Bär und Riese. Was hilft dennoch?
- Ideensammlung und mögliche Aufgabenstellungen:
  - „Der Fluss kennt viele Geschichten“ heißt es im Buch. Welche Geschichten könnte er noch zu erzählen haben? Wer könnte sich auf der Brücke begegnet sein? Wie liefen diese Begegnungen ab?
  - Rollenspiel: Kinder überqueren als Bär und Riese eine „schmale Brücke“. Wie fühlt sich das erstarrte Gegenüber-

stehen an, wie das tänzerische sich aneinander vorbeischieben?

- Arbeit mit dem Standbild: Bär und Riese starren sich an. Ergänzung von Gedankenblasen: Was geht im Kopf des jeweils anderen vor? Wie verändern sich die Gedankenblasen beim „Tanz" auf der Brücke?

Janisch, H., Bansch, H. (2015): Die Brücke. 4. Aufl. Jungbrunnen, Wien

4.6 Ab heute sind wir cool

ZUSAMMENFASSUNG

- ein Buch über Coolness und das Glück, ganz selbst sein zu können
- für Kinder ab 5 Jahren

Hinweise zum Erschließen

- sprachlich-kognitive Fähigkeiten zur Wahrnehmung der eigenen Person und Entwicklung von Zukunftsideen
- einfache Formen der Kritikfähigkeit und Reflexion
- Unterstützung für Kinder mit Förderbedarf hinsichtlich des Selbstwerts

Inhalt

Die Brüder Leo und Mug beschließen eines Tages, cool zu sein. Das bedeutet für den älteren Leo, dunkle Sonnenbrillen zu tragen, die Füße auf den Tisch zu legen, zu rülpsen, gruselige Filme anzuschauen und Krachmusik zu hören. Mug, der jüngere, ist nicht leicht zu überzeugen und hinterfragt jede der coolen Tätigkeiten nach ihrem Sinn. Leo kommt dabei in Erklärungsnöte, findet jedoch stets irgendeine Begründung, die Mug mitmachen lässt. Doch die Sorgen und das Unwohlsein des kleinen Bruders häufen sich und auch Leo wird es nach und nach leid, Erklärungen erfinden zu müssen. Am Ende beschließen die beiden, erst einmal Kinder zu sein und sich vielleicht erst am nächsten Morgen dem Coolsein zuzuwenden.

Pädagogische Empfehlung

Das Buch handelt von zwei Brüdern, so dass sich vor allem Jungen gut mit den Protagonisten identifizieren können. Coolsein als unbestimmte Sehnsucht, aber auch als Last, wird hier bestens thematisiert. Es knüpft an äußeren Merkmalen und Aspekten von Zugehörigkeit und Akzeptanz an. Mädchen tauchen nicht auf, können aber durch das Betrachten Gedanken über weibliche Aspekte von Coolness entwickeln. Das Buch spielt mit geschlechterspezifischen Stereotypen und überzeichnet diese bewusst, um Leo und Mag, aber auch die BetrachterInnen, am Ende von der Notwendigkeit, cool sein zu müssen, befreien zu können. Die mit dem Coolsein verbundenen Gefühle wie Stärke, Freude und Genugtuung, aber auch Angst und Unsicherheit kommen in den karikierenden Bildern bestens zum Ausdruck. Das Buch lebt neben den Bildern von den Dialogen der beiden Brüder und ist somit kindgerecht und leicht verständlich. Die Satzstruktur ist stets gleich, bis sich die Geschichte wandelt und mit ihr die Sprache.

Das Buch ermöglicht einen ersten Zugang zu Fragen der eigenen Identität, des Selbstseins und der Möglichkeit, sich mit dem Mainstream nicht wohlfühlen zu können. Es thematisiert somit Aspekte des Selbstwertempfindens und der Selbstfindung. Besonders für Kinder mit niedrigem Selbstwert und sozialem Unsicherheitsempfinden bietet es eine gelungene Grundlage der Auseinandersetzung.

Anregungen zur Arbeit mit dem Buch

- Thematisierung von Stärken und Schwächen: Zur Erkenntnis verhelfen, dass cool ist, wer ganz er oder sie selbst ist.
- Ideensammlung und mögliche Aufgabenstellung: Lust am Coolsein steigern: weitere Ideen sammeln, ausprobieren, sich verkleiden, Rollenspiele
- Übungen zur Selbst- und Fremdwahrnehmung: Wie sehe ich mich, wie sehen andere mich? Eigenschaften sammeln, Collagen anfertigen
  - ein Theaterstück aus dem Buch entwickeln, dieses einüben und vorführen
  - aus Adjektivsammlungen auswählen, wie man ist und wie man gerne wäre; Vergleiche mit anderen Kindern
  - Was ist cool? Welches Verhalten passt zu welcher Situation? Wo verlaufen Grenzen des Cool-Seins?

Opel-Götz, S. (2007): Ab heute sind wir cool. Oetinger, Hamburg

4.7 Dunkel

ZUSAMMENFASSUNG

- ein Bilderbuch über Angst und ihre Überwindung
- für Kinder ab 4 Jahren

Hinweise zum Erschließen

- einfühlsame VorleserInnen für betroffene, sehr junge Kinder
- Abstraktionsvermögen und Phantasie
- auch für ängstliche Kinder und Kinder mit Angststörungen geeignet

Inhalt

Leo wohnt in einem großen, alten Haus. Der einzige für den bzw. die BetrachterIn ersichtliche Mitbewohner ist Dunkel, das sich tagsüber meist im Keller und in Ecken aufhält. Nachts jedoch verteilt sich Dunkel im ganzen Haus. Leo besucht Dunkel täglich an der Kellertür, um es davon abzuhalten, nachts in sein Zimmer zu kommen. Zudem lässt er jede Nacht eine Lampe brennen, die jedoch kaputt geht und so kommt Dunkel in sein Zimmer. Eines Nachts folgt Leo Dunkels Stimme in den Keller zu einer Kommode. Dort findet er eine neue Birne für seine Nachttischlampe. Leo erkennt daran, dass Dunkel freundlich gesinnt ist und nichts tut. Zum Ende des Buches wird deutlich, weshalb es Dunkel geben muss: um hell und dunkel unterscheiden zu können. Leo versteht und verliert seine Angst.

Pädagogische Empfehlung

Das Buch gibt keine genauere Auskunft über Leo und weshalb er scheinbar alleine mit Dunkel wohnt. Die Fokussierung auf die beiden Protagonisten könnte verdeutlichen, wie zentral Ängste sein können: Alles andere wird ausgeblendet. Die starke Bildsprache verdeutlicht und unterstützt dies. Daher wundern sich Kinder vermutlich auch nicht über die seltsam anmutenden Lebensumstände von Leo. Dunkel ist sehr gut dargestellt: Einerseits nicht personifiziert gezeichnet, womit es der Realität entsprechend ungreifbar und abstrakt bleibt. Andererseits spricht es zu Leo und verhilft ihm so dazu, seine Angst zu überwinden. Die Sprache ist einfach und in kurzen Sätzen gehalten, was Distanz schafft und eine Fokussierung auf die spannungsgeladenen Bilder ermöglicht. Erst durch den Dialog gegen Ende wird die Spannung abgebaut.

Angst ist eine grundlegend menschliche Emotion, die hilfreich sein kann, aber auch zu Handlungsunfähigkeit führen kann. Sie erzeugt starke körperliche Wirkungen, die aber bei Leo nicht zu sehen sind. Angst als Emotion wird bewusst stark versachlicht. Damit entsteht einerseits Freiraum zur Thematisierung von Leos – aber auch eigenen – Angstreaktionen bei den betrachtenden Kindern. Andererseits erhält die versachlichte Angst nicht den Nimbus der Unüberwindbarkeit. Sie wird nicht unnötig vergrößert, sondern von Anfang an in ihrer Normalität als Emotion dargestellt.

Anregungen zur Arbeit mit dem Buch

- Dunkel steht exemplarisch für den Umgang mit Fremdem und Vertrautem. Welche fremden Dinge, Personen, Situationen waren anfangs fremd und wurden dann vertraut? Was hat dabei geholfen?
- Die sachliche Darstellung der Emotion Angst ermöglicht eine nicht beschämende Thematisierung eigener Ängste in Gesprächskreisen. Was hat geholfen, sie zu überwinden?
- Ideensammlung und mögliche Aufgabenstellungen:

- verschiedene Stationen zu hell und dunkel, Experimente mit Licht, Schatten und Dunkelheit, z.B. die Geschichte als Schattentheater nachspielen
- Leben in Dunkelheit: Annäherung an das Leben von Menschen, die blind sind
- andere Geschichten, im Besonderen Märchen, kennenlernen, in denen Ängste überwunden werden mussten, z.B. „Von einem, der auszog das Fürchten zu lernen"

Snicket, L. (2014): Dunkel. NordSüd Verlag AG, Zürich

4.8 Der Bus mit den eckigen Rädern

ZUSAMMENFASSUNG

- ein poetisches Bilderbuch über das Wesentliche im Leben
- für Kinder ab 6 Jahren

Hinweise zum Erschließen

- Einlassen auf filigrane Zeichnungen und genaues Hinsehen
- sich auf Befremdliches einlassen
- Empathie und Phantasie, Überwindung von Konkretheit
- Sprachvermögen mit Blick auf Träume, Sorgen, Wünsche

Inhalt

Der Bus mit den eckigen Rädern ist auf der Suche nach Arbeit. Aufgrund seiner Räder wird er überall zurückgewiesen. Traurig macht er sich auf den Weg, um sich in sein Schicksal zu fügen. Unterwegs liest er Menschen am Straßenrand auf, die einsam sind oder deren Wünsche und Hoffnungen nicht in Erfüllung gegangen sind, so wie bei ihm: alte und junge Menschen, Frauen und Männer, ein streitendes Paar, ein arbeitsloser Pfarrer. Der Bus nimmt sie auf, zeigt sich offen für ihre Wünsche und Sorgen und betont stets hoffnungsvoll, jedes Ziel könne erreicht werden, alles sei möglich. Als eine Passagierin des Busses, eine alte Frau, stirbt, wird sie vom Pfarrer beerdigt und von den Reisenden betrauert. Der Pfarrer findet so zu seiner Bestimmung zurück. Nach und nach steigen alle Mitreisenden wieder aus. Die gemeinsame Reise verändert sie und führt sie ihren Zielen zu. Der leere Bus erkennt im Spiegelbild, wie rund seine Räder inzwischen geworden sind und ist zufrieden.

Pädagogische Empfehlung

Der Bus mit den eckigen Rädern bietet sich als Identifikationsfigur für alle Kinder gut an, weil er keine geschlechtertypischen Eigenschaften aufweist. Er steht für die Erfahrung, ausgeschlossen, darüber einsam zu werden und seine Bestimmung im Leben nicht zu finden. Die Erkenntnis, dass solche Gefühle von anderen Menschen geteilt werden, kann verbinden und zu gegenseitiger Hilfe führen. Aber auch die Beschwerlichkeit manches Weges im Leben wird deutlich: Man fühlt sich fehl am Platz, doch es kann auch wieder rund laufen. Die Bilder treffen die Stimmung der Personen gut und spiegeln in ihrer Mischung aus Abstraktion und Konkretheit die emotionale Lage betroffener Menschen wider. Sie erzeugen ein Schwebegefühl und verweisen auf das Verlangen der Passagiere, an einem anderen Ort, in einem anderen Leben sein zu können. Das Buch wirkt dadurch bisweilen eher therapeutisch als pädagogisch. Die Räder des Busses sind anfangs fast unkenntlich und am Ende konturenreich und bunt. Da die Geschichte auktorial erzählt wird, ist es möglich, sich gut in die Gefühle aller Mitreisenden hineinzuversetzen. Die viele wörtliche Rede macht die Geschichte lebendig und leicht zugänglich.

Anregungen zur Arbeit mit dem Buch

- Einstieg in Themen wie „Menschen mit Behinderung“ bzw. „Menschen in Not – Begegnung kann verändern“, „Mit anderen leben – wer bin ich, wer sind sie?“, „Verantwortung für Kinder in schwierigen Situationen“
- Thematisierung, dass es auch im eigenen Leben nicht immer „rund läuft“: Geschichten und Erfahrungen, was und wer hat geholfen?
- Ideensammlung und mögliche Aufgabenstellungen:
  - Gemaltes, Gedrucktes, filigran Gezeichnetes, Farbflächen, Fotos und Fabelwesen fügen sich zu träumerischen Collagen zusammen. Von was träumen die Menschen im Bus konkret? Malen, schreiben, erzählen zu einzelnen Bildern und Fortsetzen von Bildausschnitten
  - Entwicklung und Aufzeichnung von Phantasiegeschichten
  - Wie und warum verändern sich die Räder des Busses?
  - Der Bus ist wieder leer. Wer könnte nun einsteigen? Welche Sorgen bringen die neuen Passagiere mit?

Lembcke, M., Harjes, S. (2015): Der Bus mit den eckigen Rädern. Ravensburger Buchverlag, Ravensburg

4.9 Wie der Elefant die Freiheit fand

ZUSAMMENFASSUNG

- ein Bilderbuch über den Mut, alles immer wieder von Neuem zu versuchen
- für Kinder ab 2 Jahren. Das Buch ist mit seiner komplexen Thematik auch gut für ältere Kinder geeignet.

Hinweise zum Erschließen

- sehr gute Diskriminationsfähigkeit
- grundsätzliche Empathiefähigkeit
- für Kinder mit auffälligen Bindungsmustern empfiehlt es sich, dass es durch eine dem Kind vertraute Person vorgelesen wird und so Erläuterungen und eine Begleitung ermöglicht werden

Inhalt

Ein Junge erzählt von seinen Erlebnissen im Zirkus. Die fremde Welt fasziniert ihn. Besondere Freude bereitet ihm der Auftritt des Elefanten, der trotz seiner Größe und seiner immensen Kraft so geschickt wirkt und sich an einen winzigen Pflock anketten lässt, obwohl er die Macht hätte Bäume auszureißen. Der Junge befragt die Erwachsenen und erhält lediglich als Antwort, dass dies an der Zähmung des Elefanten läge. Warum der Elefant trotzdem angekettet sein müsse, kann ihm niemand sagen. Jahre später trifft der Junge auf einen weit gereisten Mann, der ihm zu Antworten verhilft. Der Elefant wurde gleich nach seiner Geburt an einen Pflock gekettet. Damals genügte seine Kraft nicht, um sich loszureißen. Nach intensiven Versuchen Freiheit zu erlangen, gab er schließlich auf. Er hatte sich als scheiternd erlebt. Diese Erfahrung war so prägend für ihn, dass er nie wieder versuchte, sich loszureißen – auch nicht als ausgewachsener Elefant.

Der Junge weiß, was zu tun wäre – er träumt davon, dass er dem Elefanten Mut macht, es neu zu versuchen. Und er träumt davon, dass der Elefant sich schließlich tatsächlich losreißt und von nun an in Freiheit lebt – gezähmt und beim Zirkus, um Kindern eine Freude zu machen.

Pädagogische Empfehlung

Die bunte Welt des Zirkus fasziniert und begeistert die Menschen. Der Zirkus scheint die ganze Welt an einem Ort zu vereinen. Man sieht das nicht nur an den Zirkuswagen – die bunten Collagen enthalten Schriftstücke, Briefmarken, Zeitungs- und Werbeausschnitte aus der ganzen Welt. Die Seitenränder sind stets mit Briefmarken versehen – als solle die Geschichte in die ganze Welt gesendet werden.

Besonders das größte und stärkste Tier fasziniert die Zuschauer: der Elefant. Dass dieses Tier trotz seiner immensen Kraft nicht versucht, den kleinen Pflock, an den es gebunden ist, auszureißen, irritiert. Erst später verhilft ein weiser Reisender zu Antworten. Der Elefant war gescheitert. Eine seiner ersten Erfahrungen nach der Geburt war das Angebundensein und genau diese Erfahrung konnte er nie überwinden. Nach intensiven Versuchen, der Kette und dem Pflock zu entkommen, gibt er schließlich auf und damit auch sich selbst – er gibt sich seinem Schicksal hin. Dabei merkt er nicht, dass er wächst und mit ihm seine Kraft. Hilflosigkeit ist erlernbar.

Genau dieses Gebundensein ist es, was das Leben eines Menschen prägt. Macht ein Kind in den ersten Lebensjahren keine positiven Bindungserfahrungen, so kann dies verheerende Auswirkungen auf das Leben dieses Menschen haben. Der Elefant erlebte sich in seinem starren, unnachgiebigen Angebundensein als hilflos und ohnmächtig. Die Erwachsenen scheinen unter diesem Brechen des Willens die Zähmung des Elefanten zu verstehen. Der Elefant resigniert durch seine Erfahrung des Scheiterns und kann dies trotz veränderter äußerer Umstände zunächst nicht überwinden.

Es ruft dazu auf, Kindern Bindungs- und Beziehungserfahrungen anzubieten, die haltgebend und stützend sind, aber dem Kind gleichzeitig durchgehende Handlungsfähigkeit und Selbstwirksamkeit ermöglichen. Es liegt an Erwachsenen, Kindern Angebote zu machen, die ihnen Bindung und Beziehung ermöglichen. Und nach Momenten des Scheiterns bedarf es einer sensiblen Begleitung des Kindes, um das Kind zu immer neuen Versuchen gemäß dessen Fähigkeiten zu ermutigen. Dieses Wagnis als Wesensmoment der Erziehung ist eine der großen Herausforderungen der Pädagogik.

Anregungen zur Arbeit mit dem Buch

- Rollenspiele zu verschiedenen Szenen und anschließende Reflexion
- Ideensammlung und mögliche Aufgabenstellungen:
  - Wie geht es dem angeketteten Elefanten wohl? (evtl. Hilfestellung durch Auswahl aus Adjektiven und Emotionsvokabular)
  - Der Junge trifft noch einmal auf den Elefanten und ermutigt ihn, sich selbst zu befreien. Wie läuft die Begegnung wohl ab? Was sagt und macht der Elefant?
  - Was konntest Du früher nicht, was Du jetzt kannst? Wann und wie hast Du gemerkt, dass Du es jetzt schaffst?
  - Wie fühlt man sich, wenn man etwas nicht schafft und aufgeben muss?
  - Was brauchst Du, um wieder Mut zu fassen und etwas neu zu versuchen?
  - Was kannst Du tun, wenn jemand anderes traurig ist, weil er etwas nicht geschafft hat?

Bucay, J. (2010): Wie der Elefant die Freiheit fand. 6. Aufl. Fischer KJB, Frankfurt a.M.

4.10 Wie der König seinen Feind verlor

ZUSAMMENFASSUNG

- ein Bilderbuch über Freundschaft, Liebe und Angst vor dem Fremden
- für Kinder ab 3 Jahren

Hinweise zum Erschließen

- Aufmerksamkeitsspanne von etwa 40 Minuten
- gute Wahrnehmungs- und Merkfähigkeit
- für tieferes Verständnis: Abstraktionsvermögen und Symbolverständnis
- Anschauen des Buches mit einer vertrauten Person oder in einer Kleingruppe

Inhalt

Ein machtbesessener König erfährt von einem Raunen, das durch die Dörfer seiner Untertanen geht. Es gebe einen Magier mit einer Macht, die der König niemals besitzen werde: Der Magier könne die Zukunft voraussagen. Als der König außerdem herausfindet, dass der Magier beliebt ist und bewundert wird, bestellt er ihn ein. Voller Eifersucht plant der König, den Magier zu töten. Die Frage des Königs, ob der Magier tatsächlich die Zukunft vorhersagen könne, bejaht der Magier bescheiden. Der König provoziert ihn daraufhin und fordert den Magier auf, seinen eigenen Todestag zu nennen. Es passiert etwas, womit der König nicht gerechnet hat: Der Magier äußert, er könne zwar nicht das genaue Datum sagen, wisse aber, dass er und der König am selben Tag sterben werden.

Der König bemüht sich daraufhin rein egoistisch um den ständigen Schutz des Magiers. Er nutzt den Magier als persönlichen Berater und erfährt, dass mit den Empfehlungen des Magiers auch seine eigene Beliebtheit wächst. Mit der Zeit entsteht eine Freundschaft zwischen den beiden und im König wächst das Bedürfnis, den ursprünglichen wahren Grund für den Aufenthalt des Magiers im Schloss zu nennen. Der König öffnet sich dem Magier, der ihm wiederum sagt, dass er das alles schon gewusst habe. Er berichtet, dass die Geschichte über den gemeinsamen Todestag nur eine Lektion sein sollte. Der Magier stirbt schließlich – und genau zehn Jahre später auch der König, der seinen Freund bis dahin immer im Herzen getragen hat.

Pädagogische Empfehlung

Der Magier stellt eine Schlüsselfigur des Buches dar. Er wagt es als einziger, sich dem König trotz seiner Macht – wenn auch subtil – entgegenzustellen. Obwohl er sich dadurch in Gefahr begibt, handelt der Magier mutig und authentisch, wenn auch nicht immer aufrichtig. Durch den Aufbau einer Beziehung zwischen Magier und König entwickelt sich letzterer schließlich zu einem nahbaren, nicht weiter bedrohlichen Herrscher, der erstmals Wertschätzung durch seine Untertanen erlebt. Er hat es nicht mehr nötig, Angst zu verbreiten, um sich mächtig zu fühlen. Die anfängliche Angst seiner Untertanen vor ihm und die eigentliche Kernangst, selbst nicht der Mächtigste zu sein, war ein einziger Teufelskreis aus Machtdemonstrationen und der gleichzeitigen Angst vor Machtverlust. Der Magier, der als mächtig empfunden wurde, musste als Feind deklariert werden, um die geplante Ermordung zu rechtfertigen. Erst die echte Begegnung als Menschen verringert Schritt für Schritt diese Angst.

Für Kinder ist dieses Bilderbuch zunächst wohl sehr komplex, bietet aber gleichzeitig Gesprächsanlässe und lädt zur Thematisierung zahlreicher zwischenmenschlicher Aspekte ein.

Die Collagen vermitteln anfangs eine bedrohlich-kalte, später eine offen-vertraute Atmosphäre und begleiten und unterstreichen die Geschichte auf eine sehr passende Weise.

Anregungen zur Arbeit mit dem Buch

- Weitererzählen der Geschichte: Wie regiert wohl der Sohn des Königs?
- Ideensammlung und mögliche Aufgabenstellungen:
  - Rollenspiele: Nachspielen verschiedener Szenen
  - Stell Dir vor, Du bist selbst ein König. Wie würdest Du herrschen? Was wäre Dir wichtig?
  - Vor was hattest Du Angst und hast sie überwunden? Wie ist Dir das gelungen?

Bucay, J. (2013): Wie der König seinen Feind verlor. Fischer KJB, Frankfurt a.M.

5 Flucht und ihre Folgen

5.1 Akim rennt

ZUSAMMENFASSUNG

- ein Bilderbuch über das Schicksal eines geflüchteten Jungen
- für Kinder ab 6 Jahren

Hinweise zum Erschließen

- grundsätzliches Vorstellungsvermögen bezüglich anderer Kulturen, Empathiefähigkeit
- für von Flucht betroffene Kinder empfiehlt es sich, dass es durch eine dem Kind vertraute Person vorgelesen wird und so Erläuterungen und eine Begleitung ermöglicht werden; möglichst in der Muttersprache des Kindes
- emotionale Stabilität, für traumatisierte Kinder kann das Buch stark triggernd wirken

Inhalt

Mitten im Spiel wird Akim vom Krieg überrascht. Kampfflugzeuge nähern sich und das Dorf erbebt von den Detonationen der abgeworfenen Bomben. Häuser werden zerstört und Akim von seiner Familie getrennt. Er flüchtet sich zunächst in eine der vielen Häuserruinen, in denen sich auch andere Menschen aufhalten. Nach einigen Tagen holen Soldaten alle Kinder ab: Akim gerät in Kriegsgefangenschaft und muss für die Soldaten arbeiten. Im Chaos von Raketeneinschlägen gelingt es ihm schließlich zu fliehen. Nach langem Herumirren kann er sich einer Gruppe Flüchtlingen anschließen. Ein Fischerboot bringt sie über die Grenze. Eine Hilfsorganisation greift die Gruppe auf und bringt sie in ein Flüchtlingslager. Akim wird versorgt, sehnt sich aber nach seiner Familie und kann das Erlebte nicht vergessen. Sogar das Spielen hat er verlernt. Schließlich gibt es jedoch eine gute Nachricht für Akim: Der Lagerleiter kann Mutter und Sohn zusammenführen.

Pädagogische Empfehlung

Nicht erst seit dem Sommer 2015 ist die Flüchtlingsthematik in Europa präsent. Ein kindgerechtes Aufgreifen stellt Erwachsene vor eine große Herausforderung. Bilderbücher stellen auch hierbei eine Möglichkeit des niedrigschwelligen Einstiegs dar, um Kindern verständlich zu machen, was es bedeuten kann, Krieg, Gefangenschaft, Flucht und die Trennung von der eigenen Familie zu erleben. Akims Geschichte steht dabei stellvertretend für die vieler Flüchtlingskinder in Deutschland und auf der ganzen Welt. Die einfachen Kohlezeichnungen erzeugen eine drückende Stimmung – aber auch Distanz – und stellen den Alltag eines im Krieg und auf der Flucht lebenden Kindes eindrücklich dar. Auf einigen Seiten bedarf es keiner Worte – die Zeichnungen berichten von den nahenden Kampfflugzeugen, von brennenden Dörfern, von toten Menschen, fliehenden Kindern, Detonationen und der allgegenwärtigen Angst. Die Verzweiflung der Menschen ist auf einigen Bildern kaum auszuhalten – bisweilen wünscht man sich Worte, die das Grauen im Krieg, in der Gefangenschaft, auf der Flucht und im Lager relativeren. Doch die Erlösung kommt erst am Ende: Akim findet seine Mutter, immerhin.

„Akim rennt" ist ein Bilderbuch, das den bzw. die LeserIn nicht verschont. Kinder sollten daher bei der Lektüre sensibel und eng begleitet werden, um ihnen zwangsläufig entstehende Fragen beantworten und so möglichen Ängsten entgegenwirken zu können.

Die sachliche, schmucklose Sprache des Buches und die Kohlezeichnungen eignen sich nicht nur für Kinder im Grundschulalter, sondern auch darüber hinaus.

Bei älteren Kindern empfiehlt es sich, gemeinsam tiefere Einblicke in Kriegs- und Fluchtursachen, Fluchtwege nach und innerhalb von Europa oder die Asylpolitik Europas zu gewinnen.

Anregungen zur Arbeit mit dem Buch

- generelle Thematisierung von Verlust, Trauer, Angst und Krieg, auch in Bezug auf konkrete aktuelle Beispiele
- Ideensammlung und mögliche Aufgabenstellungen:
  - Wie geht es mit Akim und seiner Mama wohl weiter?
  - Schreiben eines Fluchttagebuchs. Was schreibt Akim an den verschiedenen Stationen seiner Flucht?
  - Auf den ersten Seiten wird der Fluss Kuma thematisiert. Aus welchem Land könnte Akim stammen? Verfolgen einer möglichen Fluchtroute im Atlas oder auf dem Globus
  - Stell Dir vor, Du darfst Akim ein Päckchen ins Flüchtlingslager schicken. Male ein Bild davon, was Du einpacken würdest.
  - Stell Dir vor, ein Flüchtlingskind zieht neben Dir ein. Was glaubst Du, würde ihm gut tun? Was könntest Du davon umsetzen?

Dubois, C. (2016): Akim rennt. 6. Aufl. Moritz Verlag GmbH, Frankfurt a.M.

5.2 Zuhause kann überall sein

ZUSAMMENFASSUNG

- ein Bilderbuch über Flucht, Heimat und die Freundschaft zweier Mädchen
- für Kinder ab 5 Jahren

Hinweise zum Erschließen

- grundsätzliches Vorstellungsvermögen bezüglich anderer Kulturen, Empathiefähigkeit
- für von Flucht betroffene Kinder empfiehlt es sich, dass es durch eine dem Kind vertraute Person vorgelesen wird und so Erläuterungen und eine Begleitung ermöglicht werden; möglichst in der Muttersprache des Kindes

Inhalt

Wildfang muss vor dem Krieg in ein fremdes Land fliehen. Alles dort wirkt befremdlich auf sie: die Menschen, der Verkehr, das Essen, die Sprache, sogar der Wind. Das Mädchen schafft sich ein Zuhause aus Erinnerungen. Schließlich begegnet Wildfang einem Mädchen im Park, das ihr zulächelt. Wildfang geht weiter, sie traut sich nicht zurückzulächeln. Es dauert einige Zeit, bis Wildfang dem Mädchen wieder begegnet. Das Mädchen spricht sie an, doch da ist wieder die Fremdheit: Wildfang kann das Mädchen nicht verstehen. Doch das Mädchen nimmt Wildfang mit zur Schaukel und überlegt sich in der Zeit darauf nach und nach Wörter, die sie Wildfang beibringt. Nach und nach entsteht für Wildfang somit ein neuer Rückzugsort und es entsteht eine neue Heimat in der Fremde.

Pädagogische Empfehlung

„Zuhause kann überall sein" ist ein wunderbares Bilderbuch über Fremdheit, Fremde und die Heimat in sich selbst. Der Fokus muss hierbei nicht auf der Fluchtthematik liegen, kann aber auch unter diesem Aspekt schwerpunkmäßig betrachtet werden. Die bildnerischen Darstellungen des Herkunftslandes Wildfangs stehen stellvertretend für alle Länder des arabischen, afrikanischen oder asiatischen Raumes und bieten somit viel Raum zur Interpretation.
Wildfang muss ihr Heimatland verlassen und fühlt sich fremd im Ankunftsland: Sie schafft sich durch Erinnerungen einen Rückzugsort und begegnet schließlich einem Mädchen, das sich durch Sprachbarrieren nicht beirren lässt. Es zeigt Wildfang das Spielen und versorgt sie mit Wörtern in der neuen Sprache, die bisher nur wie ein kalter Wasserfall war. Durch das Erlernen der Sprache kommt Wildfang nach und nach im neuen Land an. Sie webt sich mit den erlernten Wörtern eine neue Decke – ein schönes Bild für den Prozess des Einlebens und die vielen verschiedenen Aspekte, die Heimat bedeuten können.

Zwischen den beiden Mädchen entsteht eine Freundschaft über kulturelle Unterschiede und Sprachbarrieren hinweg.

Trotz der Fremdheitsgefühle und der Trauer Wildfangs zieht sich die Hoffnung durch die Geschichte – auch anhand von Symbolen. Der bzw. die aufmerksame BetrachterIn entdeckt eine Taube und ein Boot, beides christliche Symbole der Hoffnung. Auch endet das Buch hoffnungsvoll und mit einer Idee von Heimat. Heimat ist nicht nur ein Ort, letztendlich ist Heimat immer Heimat in sich selbst.

Anregungen zur Arbeit mit dem Buch

- Thematisierung von:
  - Heimat, sich fremd fühlen, zuhause sein
  - Was ist Freundschaft? Was macht einen guten Freund aus?
- Ideensammlung und mögliche Aufgabenstellungen:
  - Was erleichtert das Ankommen in einem fremden Land?

- Gibt es ein Kind in Deiner Umgebung, das aus einem anderen Land kommt? Was kannst Du tun, um ihm zu helfen, hier eine neue Heimat zu finden?
- Erstellen von Collagen: Was ist für mich Heimat?
- symbolisches Kofferpacken: Was würdest Du in ein fremdes Land mitnehmen?

Kobald, I., Blackwood, F. (2015): Zuhause kann überall sein. Knesebeck, München

5.3 Wasims Weste

ZUSAMMENFASSUNG

- ein Bilderbuch über Trauma und weitere Folgen einer Flucht
- für Kinder ab 3 Jahren

Hinweise zum Erschließen

- für jüngere, traumatisierte und von Flucht betroffene Kinder empfiehlt es sich, dass es durch eine dem Kind vertraute Person vorgelesen wird und so Erläuterungen und eine Begleitung ermöglicht werden
- gutes Erinnerungsvermögen, um Wasims Situation reflektieren zu können
- Einfühlungsvermögen und Interesse an der Situation anderer Kinder

Inhalt

Wasim flieht mit seiner Familie aus Syrien nach Deutschland. Oma und Opa müssen zurückbleiben, was Wasim sehr traurig macht. Die Oma gibt Wasim eine selbst genähte Weste mit, die ihn beschützen soll. Die Flucht über das Meer nach Deutschland gelingt. Wasims Familie muss sich im Alltag der Flüchtlingsunterkunft zurechtfinden, was durch das Café Welcome, Herrn Hubert von der Kleiderkammer und Bashir, Wasims neuen Freund, nach und nach gelingt. Der Vater findet eine erste Arbeit als Frisör, die Mutter als Näherin. Wasim lernt Menschen kennen, die nachts nicht schlafen können und dauernd an den Krieg denken. Er selbst erschrickt beim lauten Zuschlagen eines Buches derart, dass er weinen muss und sich versteckt. Die Weste von der Oma gibt ihm ein schützendes Gefühl. Am Ende ist absehbar, dass Wasim mit seiner Familie in eine Wohnung zieht und er eine Schule besuchen wird.

Pädagogische Empfehlung

Das Buch beginnt mit einem dunklen Bild einer zerstörten Stadt und macht so die Notlage von Wasim und seiner Familie deutlich. Für Kinder ist es sofort möglich, sich in Wasim und seine Familie hineinzuversetzen, auch wenn kleinere Kinder dabei gut begleitet werden müssen, da im Buch von Krieg, Schüssen und sterbenden Menschen die Rede ist. Der Schwerpunkt des Buches liegt, im Gegensatz zu anderen Büchern zu dieser Thematik, nicht auf der Flucht selbst – diese wird rasch erzählt – sondern bei den Wirkungen und Folgen. Es geht um die Herausforderungen eines neuen und beengten Wohnumfelds und die Komplexität von Traumata. Diese sind Kindern nicht umfänglich zu vermitteln, daher bleibt es bei Beschreibungen des Erlebens, die mit Kindern aber gut besprochen werden können. Zum einen werden Schutzfaktoren thematisiert: Dazu gehören Wasims Weste, der neue Freund Bashir aus der Heimatstadt, Herr Hubert, der Wasim an seinen Opa erinnert, aber auch der Bau einer Höhle, ein vertrautes Musikinstrument und die Eltern, welche Arbeit finden. Durch die Schrecksituation und das Weinen Wasims, gegen das er sich nicht wehren kann, wird zum anderen für Kinder auch deutlich, welche Folgen Krieg und Flucht auf Menschen haben können. Fachlich ist es sicher richtig, dass Wasims Trauma nicht „beseitigt" ist, sondern offen bleibt, ob und wann er wieder in eine Flashback-Situation gerät. Gerade für die Annäherung mit Kindern an die Themen Flucht und Trauma erscheint es sinnvoll und angemessen, dass die Geschichte zuversichtlich endet.

Anregungen zur Arbeit mit dem Buch

- Ideensammlung und mögliche Aufgabenstellungen:
  - Wasim fühlt sich durch die Weste seiner Oma geschützt. Was würde Dich auf der Flucht schützen? Was würdest Du unbedingt mitnehmen wollen?
  - Wie geht es weiter mit Wasim? Was kann er tun, wenn er in der Schule so erschrickt, dass er sich verstecken will und weinen muss? Ggfs. Schulhausgestaltung hinsichtlich Orten, die Sicherheit vermitteln
  - Schaut Euch die Karte im Buch genauer an. Durch welche Länder ist Wasim gekommen? Was hat er dort vielleicht gesehen? Wie viele Kilometer ist er gereist? Reisetagebuch anlegen, Kinder mit Fluchterfahrungen können eine eigene Landkarte gestalten.
  - Es gibt vieles, was Wasim hilft, in Deutschland zurechtzukommen. Erzählen, schreiben, malen von dem, was Dir hilft, wenn es Dir nicht gut geht oder wovor Du große Angst hast.

Tilly, C., Offermann, A.(2017):Wasims Weste – Kindern Flucht und Trauma erklären. Balance Buch + Medien Verlag, Köln

5.4 Bestimmt wird alles gut

ZUSAMMENFASSUNG

- ein zweisprachiges Bilderbuch über die Flucht einer arabischen Familie
- für Kinder ab 6 Jahren

Hinweise zum Erschließen

- grundsätzliche Lesefertigkeiten in Deutsch oder Arabisch
- für von Flucht betroffene Kinder empfiehlt es sich, dass es durch eine dem Kind vertraute Person vorgelesen wird und so Erläuterungen und eine Begleitung ermöglicht werden
- grundsätzliches Vorstellungsvermögen in Bezug auf andere Kulturen und Länder, Empathiefähigkeit
- auf mögliche Trigger bei traumatisierten Kindern achten

Inhalt

Die achtjährige Rahaf flüchtet gemeinsam mit ihren Eltern und ihren jüngeren Geschwistern von Syrien nach Deutschland. Im Rückblick erzählt sie von der Normalität ihres Alltags in Homs: dem Zusammenleben in der Großfamilie, dem Spielen mit anderen Kindern, ihrem Lieblingsessen. Thematisiert werden aber auch Flieger- und Bombenangriffe. Rahaf erzählt vom stillen Abwarten, von den Trümmern in den Straßen und von Menschen, die nicht mehr aufstehen. Trotz ständiger Angst geht sie weiterhin zur Schule.

Eines Tages erklärt der Vater, dass sie die Heimat zurücklassen müssen. Rahaf kann nur ihre Puppe Lulla mitnehmen. Auf der Flucht wird die Familie ausgebeutet, die Puppe geht verloren. Angst und Ungewissheit prägen die Zeit. In Deutschland angekommen, leben sie in einem Containerlager. Es begegnen ihnen Hass und Ablehnung ebenso wie Freundlichkeit und Güte. Rahaf lebt sich nach und nach ein und wird zuversichtlicher, macht sich aber Sorgen um den Vater, der nicht als Arzt praktizieren darf.

Pädagogische Empfehlung

Auch wenn das Buch aus der Perspektive eines Mädchens erzählt ist, können alle Kinder gut an die Geschichte anknüpfen und sich in die emotionale Lage Rahafs und ihrer Familie hineinversetzen. Gerade die Schilderung des Alltags zu Beginn des Buches vermittelt den BetrachterInnen eine kindliche Normalität, mit der sie sich identifizieren können. Der Textanteil ist recht hoch, was durch die parallele arabische Übersetzung noch verstärkt wird. Die konkreten Auswirkungen des Krieges werden sehr zurückhaltend beschrieben und eher angedeutet. Der Verlust der Puppe könnte auch für den Verlust vieler Menschen stehen. Dies alles stellt keine Verharmlosung dar, sondern schützt Kinder beim Lesen und Betrachten. Gleichzeitig ist die emotionale Spannung im Buch hoch: Die Bilder spitzen Ängste, Schmerz und Hoffnungen zu, die verschiedenen Perspektiven zeigen Rahaf mitten im Geschehen. Die Farbigkeit des Buches nimmt nach und nach zu und unterstreicht die Zuversicht Rahafs. Das negative Ende der Geschichte verdeutlicht, dass es nicht immer ein Happy End geben kann, aber der Titel „Bestimmt wird alles gut“ ist hier klug gewählt: So können die Themen Hoffnung, Zuversicht und Zukunft mit Kindern thematisiert werden. Betrachtet man die Bilder alleine, entsteht Freiraum zur Versprachlichung von Rahafs Gefühlslagen.

Das Buch äußert sich nicht zu Kriegsparteien oder Schuld. Auch Deutschland als Gastland wird nicht einseitig dargestellt. Lediglich die Lebenssituation der Schleuser wird möglicherweise zu eindeutig negativ bewertet. Somit verhilft das Buch auch jüngeren Kindern zu einem grundlegenden Wissen über Krieg und Flucht jenseits von aufgeschnappten Kommentaren und Parolen aus ihrem Alltag. Das Buch eignet sich bestens, Vorurteilen, Stigmatisierungen und Rassismus entgegenzuwirken.

Anregungen zur Arbeit mit dem Buch

- Ideensammlung und mögliche Aufgabenstellungen:
  - Arbeit mit Landkarten: Wo liegt Homs? Welchen Weg hat Rahaf zurückgelegt? Kinder mit Fluchterfahrungen zeigen ihre Wege.
  - Rahaf telefoniert mit ihrer Großmutter in Syrien: Was könnte sie ihr von ihrem neuen Leben erzählen?
  - Das Buch enthält „nur“ neun Bilder. Illustration weiterer Situationen aus dem Buch
  - Weitererzählen, -schreiben: was wird aus Rahaf und ihrer Familie?
  - Annäherung an fremde Kulturen: Betrachtung der arabischen Schrift und Kenntnisse, wie man sie liest; den eigenen Namen in arabischer Schrift schreiben, einzelne Wörter sprechen, das Buch in der jeweils anderen Sprache vorgelesen bekommen
  - Einteilung des Buches in Abschnitte (Lebenssituation in Homs, Flucht, Lebenssituation in Deutschland): Vermutungen äußern, Alternativen erzählen, schreiben, malen. Wie geht es weiter?
  - Syrien als Land der mesopotamischen Kultur und nicht des Krieges betrachten: Bauwerke, Statuen, Landschaften

Boie, K., Birk, J. (2016): Bestimmt wird alles gut. Klett, Stuttgart

6 Übersicht aller vorgestellten Bilderbücher (nach Alter)

Altersempfehlung	Autoren	Titel	Thema	Seite im Buch
Ab 2	Bucay, Jorge	Wie der Elefant die Freiheit fand	Emotionen als Thema	86
Ab 2	Wunderer, Susanne	Warum ist Mama traurig? Ein Vorlesebuch für Kinder mit einem psychisch erkrankten Elternteil	Erkranke und belastete Eltern	14
Ab 3	Bucay, Jorge	Wie der König seinen Feind verlor	Emotionen als Thema	89
Ab 3	d'Allancé, Mireille	Robbi regt sich auf	Verhaltensauffällige und belastete Kinder	37
Ab 3	Janisch, Heinz / Bansch, Helga	Die Brücke	Emotionen als Thema	76
Ab 3	Nöstlinger, Christine / Nöstlinger, Christiane	Anna und die Wut	Verhaltensauffällige und belastete Kinder	39
Ab 3	Snunit, Michal / Golomb, Na'ama	Der Seelenvogel	Emotionen als Thema	74
Ab 3	Temper, Anette	Schattenschwester – Ein Kinderfachbuch für Kinder mit einem depressiven Geschwisterkind	Geschwisterkinder und ihr Erleben	59
Ab 3	Tilly, Christiane / Offermann, Anja	Wasims Weste – Kindern Flucht und Trauma erklären	Flucht und ihre Folgen	97

Altersempfehlung	Autoren	Titel	Thema	Seite im Buch
Ab 3	Van Hout, Mies	Heute bin ich – Miniausgabe	Emotionen als Thema	67
Ab 3	v. Mosch, Erdmute	Mamas Monster. Was ist nur mit Mama los?	Erkrankte und belastete Eltern	17
Ab 3	Wirsén, Stina	Klein	Verhaltensauffällige und belastete Kinder	42
Ab 4	Aliki	Gefühle sind wie Farben – Vierfarbiges Bilderbuch	Emotionen als Thema	69
Ab 4	Cave, Kathryn / Riddell, Chris	Irgendwie anders	Verhaltensauffällige und belastete Kinder	34
Ab 4	Grossmann-Hensel, Katharina	Eltern richtig erziehen	Verhaltensauffällige und belastete Kinder	44
Ab 4	Jeschke, Mathias / Oeser, Wiebke	Ein Mann, der weint	Erkrankte und belastete Eltern	23
Ab 4	Kühnel, Sabine / Koller, Livia	Bei mir zuhause ist was anders anders – Was Kinder psychisch kranker Eltern erleben	Erkrankte und belastete Eltern	12
Ab 4	Manske, Christa / Löffel, Heiko	Ein Dino zeigt Gefühle – Bilderbuch mit pädagogischem Begleitmaterial	Emotionen als Thema	72
Ab 4	McGuinnes, Sharon / Melville, Shannon	Papa ist wieder da	Erkrankte und belastete Eltern	31
Ab 4	Snicket, Lemony	Dunkel	Emotionen als Thema	81
Ab 4	Tilly, Christiane / Offermann, Anja	Mama, Mia und das Schleuderprogramm – Kindern Borderline erklären	Erkrankte und belastete Eltern	20
Ab 5	Atelier artig	Papas Unfall	Erkrankte und belastete Eltern	28
Ab 5	De Kinder, Jan	Tomatenrot – oder Mobben macht traurig	Verhaltensauffällige und belastete Kinder	47

Alters-empfehlung	Autoren	Titel	Thema	Seite im Buch
Ab 5	Freudiger, Anja	Eine Tütü-Torte für Elise – Kindern Magersucht erklären	Geschwisterkinder und ihr Erleben	64
Ab 5	Freudiger, Anja	Mein großer Bruder Matti – Kindern ADHS erklären	Geschwisterkinder und ihr Erleben	56
Ab 5	Hächler, Pascale / Tschirren, Barbara / Mambourg, Martine	Ich bin Loris – Kindern Autismus erklären	Verhaltensauffällige und belastete Kinder	50
Ab 5	Kobald, Irena / Blackwood, Freya	Zuhause kann überall sein	Flucht und ihre Folgen	95
Ab 5	Müller, Dagmar / Ballhaus, Verena	Davids Welt – Vom Leben mit Autismus	Geschwisterkinder und ihr Erleben	61
Ab 5	Opel-Götz, Susann	Ab heute sind wir cool	Emotionen als Thema	78
Ab 6	Boie, Kirste / Birck, Jan	Bestimmt wird alles gut	Flucht und ihre Folgen	100
Ab 6	Dubois, Claude	Akim rennt	Flucht und ihre Folgen	92
Ab 6	Gliemann, Claudia	Papas Seele hat Schnupfen	Erkrankte und belastete Eltern	26
Ab 6	Lackner, Regina	Wie Pippa wieder lachen lernte – Fachliche Hilfe für traumatisierte Kinder	Verhaltensauffällige und belastete Kinder	53
Ab 6	Lembcke, Marjaleena / Harjes, Stefanie	Der Bus mit den eckigen Rädern	Emotionen als Thema	83